Rituels de déesses

Rituels de déesses

INVOQUEZ LE POUVOIR DES DÉESSES ANTIQUES
ET METTEZ EN PRATIQUE LEURS RITUELS

RONI JAY

Illustrations de
Carole Hènaff

Le lotus & l'éléphant

Édition originale publiée en 2019 aux États-Unis, par Sterling Ethos, une division de Sterling Publishing Co, Inc. – 1166 Avenue of the Americas – New York, NY 10036, sous le titre Goddess Rituals.

Édition française et traduction

58, rue Jean Bleuzen – 92178 Vanves Cedex

Direction : Catherine Saunier-Talec

Responsable éditoriale : Céline Le Lamer

Responsable de projet : Séverine Corson-Schneider

Traduction : Paula Lemaire

Relecture : Charlotte Müller

Responsable communication : Johanna Rodrigue

Responsable partenariats : Sophie Morier (smorier@hachette-livre.fr)

Achevé d'imprimer en février 2019

Dépôt légal : mars 2020

ISBN : 978-2-01-710118-5

75-6934-0/01

Imprimé en Chine

SOMMAIRE

INTRODUCTION 6

Les déesses et leurs rituels 10

ASTARTÉ 12

Pour des nuits paisibles 14

Pour lâcher prise 15

ATHÉNA 16

Pour gagner en sagesse 18

Pour vivre de son art 19

BASTET 20

Pour s'envelopper de douceur 23

Pour faire de beaux rêves 24

CHALCHIUHTLICUE 26

Pour un mariage heureux 28

Pour protéger les nourrissons 29

DIANE 30

Pour rester chaste 32

Pour accoucher sereinement 33

ÉPONA 34

Pour guérir plus vite 36

Pour prendre soin des animaux 37

ERZULIE 38

Pour raviver la flamme 41

Pour faire fortune 43

FRIGG 44

Pour des plans sans accroc 46

Pour se protéger du danger 47

GAÏA 48
Pour communier avec la nature 50
Pour tenir ses promesses 51

HATHOR 52
Pour un avenir radieux 54
Pour profiter du voyage 55

HEL 56
Pour soulager les douleurs 59
Pour faire son deuil 60

HÉRA 62
Pour lutter contre l'infidélité 64
Pour faire face 65

ISHTAR 66
Pour assumer sa libido 68
Pour se jurer fidélité 69

ISIS 70
Pour rester loyale 73
Pour neuf mois de bonheur 74
Pour bien vivre sa maternité 75

KUAN YIN 76
Pour faire preuve de compassion 78
Pour se purifier 79

LAKSHMI 80
Pour trouver le bonheur 82
Pour prendre un bon départ 83

MAÂT 84
Pour ne plus faire semblant 86
Pour que justice soit faite 87

NOUT 88
Pour booster sa fertilité 91
Pour étirer le temps 92

PAPA 94
Pour traverser un divorce 96
Pour apaiser les conflits familiaux 98

PARVATI 100
Pour un soutien sans faille 102
Pour garder le cap 103

PROSERPINE 104
Pour se montrer patiente 106
Pour faire revenir le soleil 107

SEDNA 108
Pour arrêter de culpabiliser 110
Pour trouver la clé 111

TARA 112
Pour voir clair en sa moitié 114
Pour des voyages sans heurt 115

VÉNUS 116
Pour mieux vivre l'éloignement 119
Pour accueillir le printemps 121

XOCHIQUETZAL 122
Pour libérer l'artiste qui est en vous 124
Pour des affaires qui roulent (sur l'or) 125

Index 126

INTRODUCTION

Depuis la nuit des temps, l'homme sollicite l'aide des divinités en période difficile et leur rend grâce en période faste. Si chaque civilisation s'est forgé son propre panthéon, force est de constater que les similitudes sont nombreuses et certaines figures comme les déesses mères, les déesses de la fertilité, de l'amour, de la compassion ou encore de la sagesse sont présentes dans toutes les mythologies. Que l'on considère les déesses comme des entités distinctes ou comme différents avatars d'une même divinité, il est important de concentrer son attention sur une déesse (ou un avatar) en particulier quand on souhaite être épaulée ou guidée dans un domaine spécifique. La question est donc la suivante : quelle déesse invoquer dans telle ou telle situation ?

Dans ce livre sont répertoriées des déesses du monde entier afin que vous puissiez trouver celle qui vous parle et vous semble la plus susceptible de répondre à votre requête du moment, chaque déesse ayant un champ d'action bien défini. Certaines peuvent en effet intervenir sur le terrain de l'amour, d'autres de l'épanouissement personnel, d'autres encore de la créativité et on ne fera pas appel à la même déesse selon le problème rencontré.

LES DÉESSES ET LEURS RITUELS

De Diane, la déesse chaste du panthéon romain qui veille sur les femmes pendant l'accouchement, à Ishtar, la déesse mésopotamienne de la guerre, de l'amour charnel et accessoirement protectrice des prostituées, en passant par Hel, la gardienne de l'inframonde nordique qui règne sur les morts de vieillesse et de maladie, ou Kuan Yin, la belle déesse chinoise de la compassion et de la miséricorde vénérée par les jeunes mariés, ce livre propose un large panel de déesses appartenant à diverses mythologies.

Avec un tel choix, vous ne pourrez que trouver chaussures à votre pied ! Pour identifier la (ou les) déesse(s) vers qui vous tourner, parcourez le petit historique consacré à chacune d'elle et appropriez-vous leurs sphères d'intervention jusqu'à trouver une résonnance en vous.

Ces sphères couvrent de multiples aspects de la vie quotidienne et, à travers les rituels de ce livre, vous pourrez faire appel aux pouvoirs des déesses pour acquérir de grandes qualités comme la sagesse ou la patience, attirer sur vous fortune et bien-être, raviver la flamme d'un mariage qui bat de l'aile, surmonter un divorce, booster votre fertilité, préparer sereinement votre accouchement, vous épanouir dans vos hobbies (voyages, art, danse, etc.), mieux gérer les conflits ou simplement apprendre à profiter de l'instant présent.

Chaque déesse ayant son domaine d'expertise, il convient donc de bien choisir vos rituels en fonction du cas de figure : il peut être ainsi judicieux d'invoquer Hathor, une déesse égyptienne venue d'un pays étranger, quand vous partez en voyage, ou Gaïa, la déesse de la terre, quand vous ressentez le besoin de vous rapprocher de la nature, par exemple.

LES OBJETS RITUELS

Chaque rituel nécessite des accessoires faisant office de vecteurs pour votre concentration. Il s'agit d'objets du quotidien, faciles à trouver (un petit effort ne pourra néanmoins pas faire de mal !), comme une pomme ou un ruban. Si toutefois vous n'arriviez pas à vous procurer l'objet spécifié, remplacez-le simplement par ce que vous avez de plus approchant. Pour bien faire, privilégiez toujours les matières naturelles, comme le coton ou la soie plutôt que le nylon dans le cas du ruban. De même, quand un bol d'eau vous est demandé, préférez-en un en métal ou en grès plutôt qu'en plastique.

LA BONNE AMBIANCE

Tous les rituels décrits dans ce livre requièrent du calme et de la concentration. Pour vous aider à vous mettre dans le bon état d'esprit, suivez ces quelques conseils :

- Dégagez suffisamment de temps pour pratiquer vos rituels sans précipitation. La plupart d'entre eux ne prennent de toute façon pas plus de dix ou vingt minutes.
- Pratiquez vos rituels seule (ou accompagnée quand c'est opportun) mais ne tolérez pas de « spectateurs ».
- Faites en sorte de ne pas être dérangée. Mettez votre portable en silencieux et désactivez les notifications sur votre ordinateur.
- Cherchez le calme. Veillez à ce qu'aucun bruit extérieur – mis à part les sons ou la musique requis pour certains rituels – ne vienne gêner votre interaction avec les déesses. Éteignez la radio, la télévision et fermez les fenêtres si besoin.

L'INFINI DES POSSIBLES

Une fois que vous aurez pris l'habitude d'invoquer les déesses chaque fois que vous vous sentez en difficulté, n'hésitez pas à créer vos propres rituels en fonction des obstacles que vous rencontrez dans votre vie. Suivez simplement les recommandations ci-dessus et assurez-vous que votre nouveau rituel vous permette de focaliser votre attention sur la déesse de votre choix et sur le problème auquel vous êtes confrontée.

RITUELS DES DÉESSES

DÉESSE

ASTARTÉ

Déesse phénicienne de la Lune, de la guerre et de l'amour

Déesse mère de la mythologie phénicienne, Astarté, que l'on surnomme aussi l'étoile du soir, est généralement représentée nue, assise sur un trône flanqué de deux sphinx, son animal totem. Tout comme la célèbre déesse égyptienne Hathor, elle porte souvent une coiffe ornée de cornes de vache enserrant le disque solaire.

Débordant de passion, de sensualité et de volupté, Astarté est une déesse lascive dont les fidèles s'adonnent régulièrement à des rites orgiaques. Tyr, Carthage et Chypre abritent les principaux temples érigés en son honneur et la Bible la présente comme la divinité des Sidoniens puisque les rois de Sidon étaient ses prêtres.

Astarté est parfois associée au dieu Baal – dieu de l'orage – ou El dont elle serait l'épouse. Dans le premier cas, elle prend les traits de la féroce Anat et, dans le second, d'Athirat, la dame de la mer. Quand Mot, dieu de la mort, tua Baal, Anat n'hésita pas à descendre aux Enfers pour le sauver. Armée d'une faucille et d'une pelle, elle attaqua sauvagement Mot et le découpa en morceaux qu'elle fit d'abord brûler, puis qu'elle réduisit en charpie à l'aide d'une meule pour finalement jeter les restes en pâture aux oiseaux ; une manœuvre payante puisqu'elle lui permit de déjouer le sort réservé à son mari.

RITUEL

POUR DES NUITS PAISIBLES

Avec la Lune pour principal attribut, Astarté est la maîtresse la nuit. L'invoquer le soir venu permet de se sentir en sécurité tout au long de la nuit. Si besoin, sachez que vous pouvez adapter ce rituel pour qu'Astarté veille sur votre conjoint, vos enfants, ou encore votre animal de compagnie plutôt que sur vous.

À PRÉVOIR

- Un petit talisman symbolisant la Lune
- Une petite boîte ou pochette à lien coulissant

1 En regardant la Lune, posez vos mains l'une sur l'autre, paumes vers le haut, et nichez le talisman dans le creux ainsi formé.

2 Concentrez-vous et invoquez Astarté : « Astarté, déesse de la Lune, emplis cette sphère de ta lumière et de ta protection. »

3 Déposez le talisman dans la boîte ou pochette choisie et glissez-la sous votre oreiller ou votre matelas (ou celui de la personne à protéger).

MISE EN PLACE

Ce rituel se pratique les nuits de pleine lune, à l'extérieur ou devant une fenêtre ouverte sur l'astre lunaire.

-

En guise de talisman, optez pour une perle (naturelle ou non) blanche, argentée ou pour une bille de verre.

RITUEL

POUR LÂCHER PRISE

Incarnation de l'étoile du soir, Astarté saura apaiser vos angoisses et le stress qui vous guette à la tombée de la nuit.

À PRÉVOIR

- Des bougies
- Des huiles parfumées

LE RITUEL DU BAIN

Ce rituel consiste à prendre un bon bain chaud avec des bougies et des huiles aux parfums sensuels.

1 Allumez autant de bougies qu'il vous plaira et faites-vous couler un bain parfumé avec les huiles de votre choix.

2 Restez quelques instants à côté de la baignoire et dites : « Astarté, aide-moi à me sentir plus comblée ce soir que je ne l'étais ce matin. »

3 Plongez-vous dans le bain, lavez-vous minutieusement, puis laissez-vous aller et apprécier la douce chaleur qui vous enveloppe.

4 Fermez les yeux et respirez profondément. Concentrez-vous sur votre respiration, sur l'air qui entre et sort de vos poumons, sur le mouvement de votre cage thoracique. Libérez-vous de toutes vos tensions.

5 Une fois parfaitement détendue, gardez les yeux fermés et passez en revue votre journée, du réveil jusqu'au moment présent. Revenez mentalement sur tout ce qui s'est passé, sur ce que vous avez ressenti et sur les objectifs personnels, professionnels ou spirituels que vous avez atteints ce jour-là. Pour clore cette journée avec une sensation de réussite, n'ouvrez pas les yeux tant que vous n'avez pas clairement identifié au moins trois de ces petites (ou grandes !) victoires.

6 Sortez du bain, séchez-vous et allez vous coucher aussitôt.

DÉESSE

ATHÉNA

Déesse grecque de la guerre, de la sagesse et des arts

À sa naissance, plutôt que d'emprunter les voies naturelles, Athéna jaillit toute armée du crâne de son père – le dieu suprême Zeus –, en poussant un cri de guerre. Bien qu'elle fut vierge, Athéna appréciait la compagnie de la gent masculine, à laquelle elle se ralliait d'ailleurs souvent. Contrairement à Arès, son homologue masculin, elle considère la guerre comme un mal nécessaire, mais ne retire aucun plaisir de sa barbarie. En grande stratège et fine tacticienne, elle préfère toujours recourir à la sagesse plutôt qu'à la force.

Quand les dieux se divisèrent la terre, Athéna et Poséidon (dieu de la mer) se disputèrent la péninsule de l'Attique. Pour se démarquer, Poséidon fit jaillir une source sur la colline sacrée de l'Acropole alors qu'Athéna y fit pousser un olivier. Zeus trancha en faveur de la déesse, et c'est ainsi qu'elle donna son nom et sa protection à la cité qui se développa autour de l'Acropole (Athènes).

Les attributs d'Athéna sont la chouette et l'égide (peau de chèvre sacrifiée). L'art la représente généralement portant une armure, un casque et un bouclier ou associée à l'olivier. Pétrie de talent, Athéna est connue pour avoir appris aux hommes à maîtriser leurs instincts primaires, à utiliser leur intelligence comme une force créatrice et à apprécier l'art.

RITUEL

POUR GAGNER EN SAGESSE

Ramener un peu de bon sens dans nos vies ne peut nous faire que du bien, surtout quand il émane de la plus sage des déesses du panthéon grec. Comme pour se parer symboliquement de sa sagesse, les grecs rendaient hommage à Athéna en revêtant des habits neufs. Votre première mission consiste donc à acheter ou à emprunter une tenue jamais portée et digne d'une déesse.

À PRÉVOIR

- Une nouvelle tenue ou un bijou de couleur violette
- Un bol d'olives

UN VIOLET DE BON TON

Le violet étant la couleur de la sagesse, choisissez un vêtement de cette teinte (entièrement ou partiellement). Si vous préférez, vous pouvez opter pour un bijou ou des sous-vêtements mais privilégiez la sobriété : après tout, Athéna reste une déesse vierge, il serait dommage de l'offenser en portant quelque chose de trop provocant.

1 Le matin, en vous parant de vos nouveaux atours, imaginez que vous vous drapez dans la sagesse d'Athéna.

2 Le soir venu, asseyez-vous avec un bol d'olives et prononcez l'incantation suivante : « Tandis que je mange tes olives, emplis-moi de ta sagesse et de ton discernement toute cette année durant. »

3 Mangez les olives une par une en réfléchissant aux domaines de votre vie qui pourraient bénéficier de la sagesse d'Athéna.

RITUEL

POUR VIVRE DE SON ART

Si vous exercez un métier créatif, ce rituel est fait pour vous. Quel que soit votre domaine d'expertise (écriture, sculpture, broderie, etc.), Athéna est la déesse à invoquer pour couronner tous vos projets de succès.

À PRÉVOIR

- Votre matériel créatif

UN CHOUETTE PROJET

Pour ce rituel, vous allez devoir exercer le talent pour lequel vous souhaitez qu'Athéna intervienne. Rassemblez votre matériel habituel (crayon, pinceau, aiguille) et créez une œuvre inspirée de la déesse.

1 Écrivez un poème, peignez une aquarelle, brodez un coussin à la gloire d'Athéna : une chouette, un olivier, un bouc ou encore un chêne feront de très bons sujets, mais vous pouvez aussi choisir de représenter la déesse elle-même.

2 Une fois votre œuvre terminée, dédiez-la à Athéna en disant : « Athéna, accepte ce cadeau réalisé en ton honneur. En échange, laisse-moi briller par mon talent et fais que celui-ci jamais ne se tarisse. »

3 Placez votre offrande bien en évidence dans votre espace de création et, dès que vous sentez l'inspiration vous déserter, regardez votre réalisation et répétez votre demande à Athéna.

DÉESSE

BASTET

Déesse égyptienne de la fertilité et de la protection

Bastet est une déesse égyptienne aux traits félins qui jouissait d'une telle popularité qu'elle détrôna Isis dans le cœur des Égyptiens. Entouré d'un lac en forme de croissant de lune, l'immense temple érigé en son honneur à Bubastis était long de plus de 150 m, entièrement constitué de granite rose, et comprenait une enceinte extérieure et une intérieure. Bien que Bastet soit une déesse protectrice connue pour sa douceur, il faut éviter de la mettre en colère sans quoi elle se mue en Sekhmet, féroce déesse à tête de lion.

Dans l'art, Bastet est souvent dépeinte comme un chat, une femme à tête de chat ou entourée de chatons et portant un panier réservé à leur transport. L'un de ses principaux attributs est le sistre, une sorte de crécelle à quatre cordes que les femmes utilisaient pour éloigner les mauvais esprits. Associée à la Lune, Bastet est aussi un symbole de fertilité.

Ce lien avec l'astre qui régit le cycle menstruel lui a d'ailleurs valu d'être prise pour cible – tout comme Diane et bon nombre d'autres déesses antiques – lors de la chasse aux sorcières qui sévit au Moyen Âge. Les premières persécutions de chats semblent aussi remonter à cette époque, certainement parce qu'ils étaient liés à Bastet et, par extension, à toutes les femmes accusées de sorcellerie.

« Rien n'est aussi fort que la douceur. Rien n'est aussi doux que la force véritable. »

SAINT FRANÇOIS DE SALES

RITUEL

POUR S'ENVELOPPER DE DOUCEUR

La douceur est une grande qualité, surtout quand on cherche à établir une relation de confiance avec des animaux ou des enfants. Sous les traits du chat, la déesse Bastet incarne cette vertu – mais pas sous ceux du lion, qu'elle adopte quand elle est en colère.

À PRÉVOIR

- Des crayons de couleur ou un pinceau et de la peinture
- Un cercle de papier calque

DES CHATS CHOUCHOUTÉS

Le meilleur moyen de s'attirer les bonnes grâces de Bastet reste de témoigner de la douceur et de la compassion à l'égard de son animal totem.

1 Commencez par passer du temps avec votre chat ou, à défaut, avec celui (ou ceux) de l'un de vos proches. Si personne dans votre entourage n'a de chat, n'hésitez pas à aller caresser l'un de ceux qui errent dans votre quartier : nul doute qu'ils apprécieront.

2 Quand vous vous sentez prête, dessinez ou peignez un chat sur votre cercle de papier calque. Peu importe que vous sachiez ou non dessiner, l'essentiel étant de mettre du cœur à l'ouvrage.

3 Scotchez ensuite votre dessin sur une fenêtre à travers laquelle vous apercevez souvent la Lune. Quand celle-ci l'enveloppera de sa pâle lueur, Bastet nimbera votre demeure de sa douceur.

RITUEL

POUR FAIRE DE BEAUX RÊVES

Pour éloigner les mauvais esprits, Bastet agite son sistre (crécelle sacrée) autour de ses fidèles. Étant associée à la Lune, elle n'a pas son pareil pour chasser les terreurs nocturnes. Ainsi, pratiquez ce rituel si vous ou un membre de votre famille êtes souvent en proie aux cauchemars.

À PRÉVOIR

- Une crécelle ou un hochet

PETITE MUSIQUE DE NUIT

Ce rituel est particulièrement efficace les soirs de pleine lune, mais vous pouvez néanmoins le pratiquer dès que le besoin s'en fait sentir et répéter l'opération à chaque pleine lune. Inutile cependant de chercher à vous procurer un véritable sistre, une crécelle ou un hochet feront très bien l'affaire.

1 Attendez la tombée de la nuit et ouvrez les rideaux ou les volets en grand pour laisser le clair de lune pénétrer dans la pièce. En circulant dans le sens des aiguilles d'une montre, faites le tour de chaque pièce de votre habitation et agitez votre crécelle dans tous les recoins sombres.

2 Si c'est votre enfant qui souffre de terreurs nocturnes, invitez-le à vous accompagner armé de son hochet. N'hésitez pas à faire un jeu de ce rituel : plus vous rirez et ferez du bruit dans votre ronde, plus la manœuvre sera efficace.

3 Terminez par votre chambre et agitez votre crécelle en décrivant un cercle autour de vous. Si vous êtes avec votre enfant, agitez enfin votre crécelle autour de lui et demandez-lui de faire de même pour vous.

J'ai fait des rêves et j'ai fait des cauchemars, mais c'est grâce à mes rêves que j'ai pu vaincre mes cauchemars.

JONAS SALK

DÉESSE

CHALCHIUHTLICUE

Déesse aztèque de l'eau et de la fertilité

Épouse de Tlaloc, dieu aztèque de la pluie, Chalchiuhtlicue est associée à l'eau douce et règne sur tous les cours et étendues d'eau de la Terre, comme le suggère son nom qui signifie « celle à la jupe de jade ». Incarnation de la beauté et de la jeunesse, Chalchiuhtlicue offre en priorité sa protection aux jeunes femmes mais aussi aux nouveau-nés. En outre, les cultures ne pouvant pousser sans eau, elle symbolise la fertilité et le mariage.

Selon les Aztèques, l'histoire du monde se divise en treize « soleils » (nous serions actuellement dans le cinquième) et Chalchiuhtlicue est la déesse qui régna sur le quatrième soleil, une ère pendant laquelle elle engendra les Tlaloques, divinités de la pluie vivant dans les montagnes. Capable de générer tornades et tourbillons, Chalchiuhtlicue avait le pouvoir de causer la mort par la noyade et déclencha d'ailleurs un déluge punitif à la fin de son règne auquel aucun être ne survécut à l'exception de ceux dotés de la faculté de se transformer en poisson.

L'iconographie montre Chalchiuhtlicue comme une jeune et jolie déesse vêtue d'une robe de jade, généralement ornée de nénuphars, et portant un collier de pierres précieuses. En tant que déesse de la fertilité, elle est aussi associée aux fruits et à la végétation. Enfin, on la trouve parfois représentée sous la forme d'une rivière dans lequel pousse un figuier de barbarie symbolisant le cœur des hommes.

RITUEL

POUR UN MARIAGE HEUREUX

Si vous voulez être sûre que votre mariage dure dans le temps et vous rende heureuse, invoquez Chalchiuhtlicue un jour ou deux avant la cérémonie. Une fois le rituel accompli, gardez précieusement votre fétiche tout au long de votre mariage : il sera le symbole de la bénédiction de la déesse sur votre union.

À PRÉVOIR

- Une offrande pour Chalchiuhtlicue

PLAISIR D'OFFRIR
En guise d'offrande, choisissez un fruit, un nénuphar ou un objet en jade pour faire honneur à la déesse, puis rendez-vous près d'un ruisseau, une rivière ou un étang pour commencer le rituel.

1 Rendez-vous près d'un cours d'eau, jetez-y votre offrande et regardez le courant emporter celle-ci au loin.

2 Regardez autour de vous jusqu'à ce que votre regard soit attiré par un élément qui vous plaise – un galet, un coquillage, un morceau de bois flotté, etc. – que vous puissiez ramener chez vous et qui ne risque pas de s'altérer dans le temps. Faites le vide dans votre esprit et laissez votre fétiche vous appeler à lui.

3 Ramenez votre fétiche chez vous et rangez-le en lieu sûr.

4 Pour que votre mariage reste un espace de dialogue et de confiance mutuelle, parlez de ce rituel à votre conjoint et partagez avec lui l'emplacement de votre fétiche.

RITUEL

POUR PROTÉGER LES NOURRISSONS

À l'instar des Aztèques, vous pouvez demander à Chalchiuhtlicue de protéger votre bébé en pratiquant ce rituel avant la naissance.

À PRÉVOIR

- Un talisman en jade
- Une pochette à lien coulissant

UN TALISMAN PROTECTEUR

Le jade étant la pierre associée à Chalchiuhtlicue, votre talisman pour ce rituel devra en être composé : une boucle d'oreille, une figurine sculptée ou une simple pierre non montée.

-

Pour la pochette, préférez les matières naturelles comme le cuir, le velours, le coton ou le lin.

1 En tenant le talisman de jade dans votre main, invoquez la déesse en disant : « Chalchiuhtlicue, que ton esprit investisse cette pierre de jade et protège ____ pendant les premiers mois de sa vie. » Si vous ne connaissez pas encore le prénom du bébé, vous pouvez utiliser la formule suivante : « l'enfant de ____ et ____. »

2 Déposez la pierre dans la pochette, puis enfouissez celle-ci sous le matelas du bébé, hors de sa portée bien entendu.

3 Ne touchez plus au talisman jusqu'à ce que le bébé soit en âge de quitter son berceau et de dormir dans son premier lit, puis récupérez-le et gardez-le en souvenir.

DÉESSE

DIANE

Déesse romaine de la chasse et de la Lune

Même si, par son vœu de chasteté éternel, Diane symbolise la virginité, elle accompagne aussi les futures mamans pendant l'accouchement. Divinité sylvestre et champêtre, Diane est souvent représentée armée d'un arc et de flèches, bien que ces attributs n'apparaissent pas dans les premières représentations de la déesse. À Éphèse par exemple, où elle était particulièrement adulée, la statue de Diane – ou plutôt Artémis, son homologue grecque – la montre avec une multitude de seins car ses premiers adorateurs la voyaient comme la mère nourricière de toute la faune sauvage.

En tant que soeur jumelle du dieu soleil Apollon, Diane est associée à la Lune. Souvent accompagnée d'un chat, symbole quasi universel de la Lune et de la féminité, elle fut assimilée aux sorcières au Moyen Âge et vilipendée comme telle.

D'après la mythologie, Diane se serait un jour baignée nue dans une source au cœur de la forêt après avoir confié son arc, ses flèches et ses vêtements aux nymphes qui l'accompagnaient. Un jeune prince, Actéon, qui partait pour la chasse au cerf avec ses amis et sa meute, la surprit ainsi dévêtue : folle de rage, Diane transforma le pauvre prince en cerf et lança ses chiens à ses trousses jusqu'à ce qu'ils le déchirent en lambeaux de leurs crocs.

RITUEL

POUR RESTER CHASTE

Il nous arrive toutes de traverser des phases d'abstinence sexuelle volontaire, que ce soit pour concentrer notre énergie sur un projet précis ou pour retrouver un semblant d'équilibre dans une vie amoureuse tumultueuse. Ce type de résolution n'est cependant pas facile à tenir et, à travers ce rituel, Diane vous aidera à ne pas céder à la tentation.

À PRÉVOIR

- Quatre bougies blanches
- Cinq lys blancs
- Des vêtements blancs bien propres

POUR SE METTRE DANS LE BAIN

Pour ce rituel, dégagez-vous une créneau suffisamment long pour avoir le temps de prendre un bon bain sans vous presser.

1 Faites-vous couler un bain et déposez une bougie et un lys aux quatre coins – gardez le cinquième lys pour la suite.

2 Allumez les bougies et éteignez toutes les autres sources de lumière.

3 Effeuillez le lys restant en laissant les pétales tomber un à un dans l'eau. À chaque pétale détaché, prononcez les mots suivants : « Ô Diane, aide-moi à préserver ma chasteté » ; et, en ôtant le dernier pétale, dites : « Que ma chasteté soit préservée jusqu'à ce que je sois prête à y renoncer. »

4 Plongez-vous dans le bain et, en vous savonnant, imaginez que vous vous lavez de toutes pensées et désirs sexuels.

5 Une fois sortie du bain, passez des vêtements blancs propres et passez la soirée seule.

RITUEL

POUR ACCOUCHER SEREINEMENT

Bien que donner la vie soit une expérience inoubliable et profondément mystique, de nombreuses femmes appréhendent ce moment pendant lequel le corps connaît d'importants bouleversements. Fort heureusement, l'accouchement est bien moins risqué aujourd'hui qu'autrefois, mais rien ne nous empêche de chercher du réconfort et de la force auprès de Diane, la déesse protectrice des femmes en couches.

À PRÉVOIR

- Quelques poils de chat (noir si possible)
- Une pochette à lien coulissant ou un médaillon à clapet
- Une playlist ou un CD avec des sons de la forêt

DES CHOIX JUDICIEUX

Si vous n'arrivez pas à trouver de chat noir, rabattez-vous sur une autre couleur. De même, préférez une femelle plutôt qu'un mâle et, si possible, non stérilisée – mais, là encore, il n'y a pas d'obligation.

-

Côté accessoire, optez pour une pochette ou un médaillon que vous pourrez porter sans gêne pendant l'accouchement, par exemple autour de la cheville plutôt que du cou.

1 Déposez les poils de chat dans une petite pochette à lien coulissant ou dans un pendentif à clapet et gardez cette amulette porte-bonheur près de vous tout au long de votre grossesse.

2 Le jour de l'accouchement, portez cette amulette et mettez des sons de la forêt en fond sonore pour que l'esprit de Diane vous accompagne pendant le travail.

DÉESSE

ÉPONA

Déesse gallo-romaine de la guérison, de la fertilité et des animaux

---

Cette déesse d'origine celte accompagne les âmes dans leur dernier voyage. D'abord vénérée en Gaule comme protectrice des chevaux, son aura s'est étendu à tous les animaux domestiques et en particulier aux chiens et aux oiseaux. Connue pour prendre soin des bêtes, Épona est devenue, par extension, la divinité de la guérison et de la fertilité. L'art la montre souvent à cheval ou entourée de chevaux, de fruits, d'épis de maïs et portant une corne d'abondance, son principal attribut.

Les Celtes associaient aussi Épona aux eaux sacrées, ce qui explique pourquoi bon nombre de ses sanctuaires se trouvent à proximité de sources thermales. Peut-être est-ce également pour cette raison qu'elle est souvent représentée nue, telle une naïade, et que d'aucuns la considèrent comme la déesse des sources, des fleuves et des rivières.

Quand les Romains envahirent la Gaule, ils adhérèrent immédiatement au culte d'Épona en lui bâtissant des autels couverts de roses au sein même de leurs écuries, faisant d'elle la protectrice de leur cavalerie. C'est d'ailleurs la seule déesse gauloise à avoir eu droit à sa fête annuelle (18 décembre) et à son propre temple érigé à Rome. Via l'armée romaine, le culte d'Épona se répandit ainsi dans tout l'Empire romain et perdura même après sa chute puisqu'on retrouve des traces de son culte jusqu'au XIIe siècle.

RITUEL

POUR GUÉRIR PLUS VITE

Ce rituel consiste à invoquer Épona, déesse de la guérison, en la visualisant en train de vous décharger (vous ou la personne de votre choix) du fardeau de la maladie.

À PRÉVOIR

- Un papier et un stylo
- Un ruban blanc

1 Choisissez une courte phrase ou quelques mots qui résument ce que vous attendez d'Épona et la façon dont vous souhaitez qu'elle vous soulage – où qu'elle soulage la personne de votre choix.

2 Inscrivez la phrase sur une feuille de papier, que vous roulerez comme un parchemin.

3 Fermez les yeux, répétez la phrase choisie comme un mantra et imaginez-vous dans un vallon verdoyant avec, dans une main, votre parchemin et, dans l'autre, une bourse de velours noir. Au sommet du versant qui vous fait face, un cavalier apparaît. Il descend dans votre direction et, à mesure qu'il s'approche, vous reconnaissez Épona. Une fois arrivée à votre hauteur, la déesse s'empare de votre bourse noire.

4 Sans interrompre votre mélopée, imaginez qu'Épona poursuive sa route sur le versant opposé. Alors qu'elle s'éloigne, vous comprenez que la bourse dont elle vous a débarrassée contenait le mal qui vous rongeait. Regardez la déesse emmener cette bourse loin de vous, dans un galop de plus en plus rapide, jusqu'à ce qu'elle et la maladie disparaissent derrière l'horizon.

5 Interrompez votre mantra et ouvrez les yeux. Nouez un ruban blanc autour de votre parchemin et rangez-le en lieu sûr jusqu'à ce que vous vous sentiez guérie.

QUESTION D'ANTICIPATION

Avant de fermer les yeux, lisez le rituel dans son intégralité pour bien comprendre ce que vous allez devoir visualiser.

RITUEL

POUR PRENDRE SOIN DES ANIMAUX

Grande protectrice des bêtes et déesse du soin et de la guérison, Épona saura venir en aide aux animaux malades ou mal en point, qu'il s'agisse de votre compagnon à quatre pattes ou d'un oiseau tombé du nid.

À PRÉVOIR

- Un fer à cheval (en métal)
- Une rose blanche

LE CENTRE DE TOUTES LES ATTENTIONS

Pour un animal domestique, le couchage (panier, coussin, cage) est un lieu sûr, au centre du territoire ; d'où l'importance de pratiquer ce rituel à cet endroit stratégique.

-

Ici, le fer à cheval est utilisé pour représenter Épona, déesse équestre par excellence, et la rose blanche pour symboliser la guérison.

1 Placez le fer à cheval au-dessus du couchage de votre animal de compagnie : selon la configuration de la pièce, vous pouvez soit le clouer au mur, soit le suspendre avec une corde, soit le poser sur une étagère s'il y en a une à cet endroit. Positionnez-le en « U » (arrondi vers le bas) pour qu'il puisse servir de réceptacle à la bénédiction d'Épona.

2 Effeuillez la rose blanche puis, les yeux fermés, prenez les pétales dans vos mains et imaginez qu'Épona les bénit de son souffle.

3 Déposez les pétales sur le couchage de votre animal et ne les retirez pas avant qu'il se sente mieux.

4 Quand il aura recouvré la santé, récupérez les pétales et semez-les au vent.

DÉESSE

ERZULIE

Déesse vaudou de l'amour et de la beauté vénérée en Haïti

Erzulie, ou Erzulie Freda comme on l'appelle parfois, incarne la santé et la prospérité, mais aussi la discorde et la jalousie. C'est une divinité sensuelle, à la peau délicatement parfumée, et parée de magnifiques atours qui se complait dans l'opulence et passe son temps à prendre soin d'elle. Elle affectionne particulièrement les fleurs, les bijoux, les étoffes luxueuses, les parfums capiteux et elle a un faible pour les mets sucrés.

Chaque divinité vaudou correspond à une figure chrétienne :›celui d'Erzulie est la Vierge Marie. Pour les Haïtiens, Marie/Erzulie serait apparue à la cime d'un palmier près de la bourgade de Ville Bonheur, ce qui explique pourquoi les pèlerins laissaient autrefois de la nourriture en guise d'offrandes au pied de cet arbre. Aujourd'hui, l'arbre a disparu mais les pèlerins continuent d'honorer la déesse en se baignant dans les eaux sacrées d'une cascade située à proximité. Le symbole d'Erzulie est un cœur transpercé par un poignard orné de pierres précieuses.

En bonne déesse de l'amour, Erzulie dispense généreusement son affection. Parmi les dieux vaudou, on lui connaît trois principaux amants mais elle participe parfois aussi à des mariages mystiques avec des mortels. Lors des cérémonies, elle s'imisce dans le corps de ses fidèles et les fait danser de manière lascive, voire obscène. Jalouse et capricieuse, elle est parfois représentée assise, poings serrés et genoux sous le menton, se lamentant de la fugacité de l'amour et de la vie.

Elle lui apprit à ne point prendre un plaisir sans en donner un lui-même en retour ; elle lui enseigna que chaque geste, chaque caresse, chaque attouchement, chaque regard devait avoir une raison, et que les plus petites parties du corps avaient leurs secrets, dont la découverte était une joie pour celui qui savait la faire.

HERMANN HESSE, *SIDDHARTHA*

RITUEL

POUR RAVIVER LA FLAMME

Même si vous êtes parfaitement en phase avec votre partenaire sur le plan sexuel, il nous arrive toutes de sentir sa libido en berne. Dans ces cas-là, sollicitez l'aide d'Erzulie en pratiquant le rituel suivant avec votre conjoint.

À PRÉVOIR

- Des bougies
- Des huiles ou lotions parfumées
- Une tenue et des bijoux colorés et suggestifs
- De la musique sensuelle

EN AMOUREUX
Dégagez-vous une soirée entière pour accomplir ce rituel et anticipez : des préparatifs s'imposent pour cette rencontre passionnée avec votre partenaire.

1 Comme Erzulie, enveloppez-vous de senteurs envoûtantes en prenant un bain parfumé, puis en appliquant une lotion également parfumée. Ce faisant, fermez les yeux et demandez à Erzulie de prendre possession de votre corps. Invitez votre partenaire à se préparer de la même façon.

2 Parez-vous de vêtements et bijoux colorés, raffinés mais suggestifs.

3 À une heure convenue d'avance, rejoignez votre conjoint dans l'une des pièces de la maison que vous aurez pris soin d'éclairer à la bougie. Mettez la musique la plus sexy que vous trouverez et dansez lascivement l'un prés de l'autre mais sans vous toucher.

4 Faites monter la température progressivement en vous autorisant quelques caresses et en déboutonnant ou dégrafant ce qui doit l'être. Prenez votre temps et faites durer le plaisir aussi longtemps que possible avant d'arriver au moment fatidique où vous oublierez complètement la musique et vous laisserez aller à faire l'amour.

S'il n'y avait pas d'hiver, le printemps ne serait pas si agréable : si nous ne goûtions pas à l'adversité, la réussite ne serait pas tant appréciée.

ANNE BRADSTREET,
MÉDITATIONS

RITUEL

POUR FAIRE FORTUNE

Erzulie ayant le don de faire fructifier l'argent, faites appel à elle si vous souhaitez prospérer sur le plan matériel.

À PRÉVOIR

- Des bougies de couleurs différentes ou multicolores
- Cinq pièces de monnaie en cuivre ou en or
- Cinq pièces de monnaie en argent
- Deux petites boîtes ou pochettes
- Une boîte ou un sac suffisamment grand pour y loger les deux pochettes ou boîtes précitées

INSPIRATIONS VAUDOU

Concernant le choix des couleurs pour vos bougies, évitez le noir et le blanc et rappelez-vous que les couleurs préférées d'Erzulie sont le rose et le bleu pâle.

-

Aujourd'hui, les Haïtiens qui pratiquent le vaudou n'hésitent pas à utiliser des objets du quotidien dans leurs rituels ; faites donc de même en choisissant par exemple des sacs de courses pour recueillir vos pièces. Attention cependant à en prendre des solides et imperméables car ils vont devoir résister aux éléments.

1 Allumez les bougies et placez-vous debout devant elles.

2 Déposez les cinq pièces de cuivre ou d'or dans l'une des pochettes (ou petites boîtes) et les cinq pièces d'argent dans l'autre.

3 Fourrez les deux pochettes dans le sac (ou les deux petites boîtes dans la grande) et prononcez l'incantation suivante : « Ô Erzulie, fais que l'argent placé dans cette bourse se multiplie à l'infini. »

4 Fermez le sac et suspendez-le dehors en l'accrochant à la plus haute fenêtre de votre maison de manière qu'Erzulie puisse le nimber de son énergie divine. Ne le décrochez pas tant que vous n'avez pas acquis la fortune espérée.

DÉESSE

FRIGG

Déesse nordique de la fertilité, de l'amour et du Ciel

Épouse d'Odin et déesse suprême du panthéon nordique, Frigg est connue pour protéger les guerriers des foudres de son mari et pour permettre aux hommes mariés de procréer. Bien qu'elle soit la déesse du mariage et de la maternité, elle n'hésite pas à tromper régulièrement son époux, notamment avec les frères de celui-ci.

Les légendes décrivent Frigg comme une grande et élégante déesse portant un trousseau de clés à la ceinture et de longues robes qu'elle pouvait, à sa guise, faire de lumière ou d'obscurité. À Asgard (le royaume des dieux scandinaves), elle vit dans sa propre demeure, Fensalir ou « salle des marécages », et passe ses journées à filer les nuages en compagnie de ses onze fidèles servantes. Son messager, Gna, traverse le ciel à cheval à chacune de ses demandes.

Au-delà de ses activités de reine des cieux, Frigg a la faculté de prédire l'avenir de tous les êtres, mais elle garde ses visions pour elle et n'a pas le pouvoir d'influencer le destin. À une occasion cependant, elle tenta d'intervenir en faveur de son fils Baldr qu'elle savait en danger de mort. Frigg fit ainsi jurer solennellement à toutes les créatures vivantes de ne pas porter atteinte à la vie de son fils mais elle omit de faire prêter serment au gui, et Baldr fut tué d'une flèche de ce bois avant d'être exilé aux Enfers.

RITUEL

POUR DES PLANS SANS ACCROC

Comme Frigg qui porte un trousseau à la ceinture, vous aurez besoin d'une clé pour effectuer ce rituel.

À PRÉVOIR

- Une vieille clé

UNE CLÉ SANS SERRURE

Munissez-vous d'une clé dont vous n'avez pas ou plus l'utilité – celle de votre précédente maison, par exemple, ou un modèle ancien chiné dans une brocante – et, si possible, faite d'un métal brillant comme l'acier ou le cuivre (évitez les métaux ternes, comme le fer notamment).

1 Briquez la clé autant que possible, jusqu'à la rendre étincelante.

2 Debout dans votre entrée, positionnez-vous dos à la porte, tendez la main tenant la clé devant vous et dites : « Frigg, imprègne cette clé de ta bonne fortune pour qu'elle me porte à jamais chance. »

3 Parcourez ensuite toutes les pièces de la maison en tenant la clé devant vous et en l'apposant sur les objets qui symbolisent les domaines dans lesquels vous souhaitez prospérer : le lit conjugal pour une relation de couple épanouissante, votre portable pour des amitiés durables, votre ordinateur pour une vie professionnelle florissante, etc.

4 Quand vous aurez terminé, fixez un crochet au-dessus de la porte d'entrée et suspendez la clé. Pensez à la briquer régulièrement pour qu'elle garde son brillant.

RITUEL

POUR SE PROTÉGER DU DANGER

Ce rituel attirera la protection de Frigg sur vous toute l'année durant.

À PRÉVOIR

- Un parterre de fleurs, une jardinière ou un pot de fleurs
- Des graines

1 Creusez un trou dans la terre à l'endroit choisi en vous assurant qu'aucune mauvaise herbe ne viendra étouffer vos graines.

2 Plantez les graines en les disposant en forme d'*algiz*, la rune nordique de protection, c'est-à-dire en formant un « Y » majuscule, puis en prolongeant le pied central vers le haut jusqu'à ce qu'il soit à la même hauteur que les deux branches, et dites : « Frigg, tandis que ces graines poussent, protège-moi (ou nous) lors des douze prochains mois. »

3 Occupez-vous régulièrement de vos plantations et faites le nécessaire pour conserver la forme d'*algiz* aussi longtemps que possible. Si au bout d'un moment, elle disparaît, ce n'est pas dramatique : vous saurez au fond de vous qu'elle est toujours là.

4 À la fin de l'automne, récoltez quelques graines pour pouvoir répéter ce rituel l'année suivante, mais laissez les plantes en terre jusqu'à l'arrivée du printemps et du temps des semis.

DES FLEURS POUR MIEUX S'ARMER

Ce rituel consiste à planter des graines dans votre jardin, une jardinière ou un pot de fleurs pour attirer la protection de Frigg sur vous, tout au long de l'année.

DÉESSE

GAÏA

Déesse grecque de la nature, du mariage et des serments

Déesse primordiale de la mythologie grecque dont le nom signifie « Terre », Gaïa est née en surgissant de Chaos, divinité du vide et du désordre, tout comme Eros, dieu du désir, et enfanta par la suite les douze Titans qui, à leur tour, donnèrent naissance à la plupart des divinités du panthéon grec. Comme Apollon par la suite, Gaïa eut un oracle à Delphes : les Grecs lui posaient ainsi les questions qui les taraudaient et elle répondait, sous forme d'énigmes, par l'intermédiaire de ses prêtresses.

Exécrée par le despotisme de son fils et époux Ouranos qui l'obligeait à contenir ses enfants dans son ventre de peur qu'ils ne le surpassent, elle offrit une faucille à son fils Cronos pour qu'il châtre son père pendant qu'elle s'accouplait avec lui. Par cet acte, la Terre (Gaïa) et le Ciel (Ouranos) furent ainsi séparés à jamais. Plus tard, Cronos s'avéra aussi tyrannique que son père et Gaïa dut cacher son fils Zeus en Crète pour éviter que Cronos ne le dévore.

Douce, attentionnée et maternelle, Gaïa est la mère de tous les hommes. Sa grande fertilité s'exprime à travers le maïs et les fruits qu'elle laisse pousser sur terre. Enfin, outre son statut de mère nature, Gaïa est aussi la déesse du mariage, des serments et des promesses.

RITUEL

POUR COMMUNIER AVEC LA NATURE

Ce rituel qui se pratique idéalement à la période des moissons (fin d'été) permet de synchroniser son rythme de vie avec celui de la terre.

À PRÉVOIR

- Des fruits et légumes bio
- Autres produits bio

DES ALIMENTS SAINTS

Si le sol est fertile et les récoltes abondantes, c'est à Gaïa que nous le devons car c'est elle qui nous offre le fruit de la terre pour nous nourrir. Ce rituel consiste à ne manger que des produits bio et fraîchement récoltés pendant toute une journée.

1 Sortez ramasser quelques fruits et légumes au jardin, ou cueillir des fruits sauvages (mûres, fraises ds bois, noix, noisettes, etc.) dans la nature. Si aucune de ces options n'est envisageable, rabattez-vous sur votre magasin bio.

2 Apprêtez votre récolte le plus sommairement possible – ou, mieux, laissez-la crue – pour ne pas en dénaturer le goût.

3 Organisez-vous un pique-nique (si possible à l'extérieur) à base de légumes, de graines, de fruits frais et secs, de pain et de miel bio. Et pour célébrer encore davantage les richesses de la terre, pourquoi ne pas inviter des amis ?

4 Quels que soient les produits que vous avez choisis, réservez-en un dixième en guise d'offrande à Gaïa.

5 Creusez un petit trou dans le sol et déposez votre offrande. Recouvrez-la de feuilles puis rebouchez le trou.

RITUEL

POUR TENIR SES PROMESSES

Le but ici est de trouver la force de respecter vos promesses mais aussi de donner plus de poids à votre parole. Gaïa étant également la déesse du mariage, ce rituel est idéal pour en consolider les liens sacrés.

À PRÉVOIR

- De la terre
- Une jatte en grès, en terre cuite ou en pierre
- Deux bougies noires
- Un plant de romarin

UN PACTE AVEC AUTRUI OU AVEC SOI-MÊME

Que ce soit pour sceller une promesse avec vous-même ou avec quelqu'un d'autre (pacte de confiance, vœu de fidélité, etc.), choisissez pour ce rituel une jatte aussi naturelle que possible, c'est-à-dire de forme rudimentaire et non vernie.

-

Les bougies noires serviront à symboliser le caractère solennel de votre promesse, et le romarin, emblème du souvenir, la gravera dans votre mémoire.

1 Garnissez la jatte d'une poignée de terre, puis déposez-la sur une table entre deux bougies noires.

2 Pour prêter serment, plongez une main dans la jatte et dites : « Je jure par Gaïa et par la terre qui me porte que... » et complétez la phrase par la promesse qui vous tient à cœur. S'il s'agit d'un vœu conjoint, les deux parties devront plonger simultanément leur main dans la terre et prononcer le serment.

3 Versez la terre dans votre jardin – ou dans un pot de fleurs – et plantez votre brin de romarin pour sceller votre promesse et ne jamais l'oublier.

DÉESSE

HATHOR

Déesse égyptienne de l'amour, de la fertilité, de la musique et de la danse

Déesse mère de l'Égypte, Hathor représente l'amour et prend souvent les traits d'une vache ou d'une femme coiffée de deux cornes de vache enserrant le soleil. Ses cheveux sont coiffés en forme d'oméga et elle se promène régulièrement parmi les papyrus.

Hathor est une divinité de premier ordre, associée à l'amour charnel, la fertilité, la sensualité, la musique et la danse. Fille du dieu soleil, Rê, et compagne d'Horus, dieu du ciel, elle fut étroitement liée aux familles royales : chaque princesse égyptienne apprenait ainsi à la vénérer dès son plus jeune âge et les pharaons étaient fréquemment qualifiés de « fils d'Hathor ». De nombreuses représentations la montre d'ailleurs donnant le sein au pharaon Amenhotep II.

Au départ, Hathor vivait en Nubie sous les traits d'une lionne, mais Rê exigea qu'on la fît venir en Égypte. Une fois sur place, elle se mua en une déesse élégante et douce mais conserva le pouvoir de reprendre sa forme animale. Un jour, Rê, furieux que son peuple le pense trop âgé pour régner, demanda à Hathor de semer le chaos sur terre en guise de représailles. Hathor obéit mais elle s'avéra si sanguinaire que Rê dut trouver un stratagème pour l'empêcher de décimer son peuple : il inonda ainsi les champs de bière préalablement teinte en rouge et, croyant qu'il s'agissait de sang, Hathor en but jusqu'à atteindre l'ivresse, ce qui eut raison de ses ardeurs. Ne laissez cependant pas cet épisode sanglant vous impressionner car, le reste du temps, Hathor est une déesse inoffensive et pleine de bonté.

RITUEL

POUR UN AVENIR RADIEUX

Ce rituel sert à assurer un bel avenir à son enfant en attirant sur lui la protection d'Hathor. Pour cette déesse mère ayant la vache comme animal sacré, le lait a une importance capitale : ainsi, en bénissant celui que l'on donne à son bébé, on lui offre une nourriture physique mais aussi spirituelle.

À PRÉVOIR

- Un bâton d'encens de bois de santal
- Un cristal de roche
- Un morceau de ficelle
- Le hochet de votre enfant

DES EFFETS FORT DÉSIRABLES

Le cristal de roche possède des propriétés bienfaisantes qui protégeront votre enfant et lui offriront un sommeil réparateur, ce qui ne sera pas pour vous déplaire... De plus, pour Hathor, le bois de santal et le hochet (le sistre) sont un bois et un instrument sacrés.

1 Allumez le bâton d'encens (à bonne distance du bébé) et nouez solidement le cristal de roche au bout d'une ficelle.

2 Placez le cristal au-dessus de la tête de bébé pendant qu'il boit son lait (n'hésitez pas à solliciter l'aide d'un proche si besoin).

3 Laissez le cristal se balancer en décrivant de petits cercles dans le sens des aiguilles d'une montre et dites : « Hathor, nourris cet enfant de ta bénédiction jusqu'à ce qu'il atteigne l'âge adulte. »

4 Le hochet sert ici à éloigner les mauvais esprits. Pour lui conférer ce pouvoir, tenez-le dans une main et dites : « Par Hathor, que ce hochet reçoive le pouvoir d'éloigner le mal. »

RITUEL

POUR PROFITER DU VOYAGE

Originaire de Nubie, Hathor était, aux yeux des Égyptiens, une déesse étrangère et, par conséquent, associée aux voyages. Quand ils s'apprêtaient à partir vers des contrées lointaines, ils lui adressaient donc des prières pour être sûrs de rentrer sains et saufs. Ainsi, que vous voyagiez pour le plaisir ou les affaires, n'hésitez pas à solliciter Hathor pour veiller sur vous.

À PRÉVOIR

- Un petit objet symbolisant votre foyer

SOUVENIR, SOUVENIR

Sélectionnez un objet facilement transportable qui vous rappelle la maison : une fleur séchée de votre jardin, un échantillon du tissu avec lequel vous avez confectionné vos rideaux ou votre petite cuillère préférée, peu importe du moment qu'il a une signification particulière pour vous et qu'il représente bien votre foyer.

1 Le matin de votre départ, accordez-vous un moment de calme et prononcez l'incantation suivante en gardant votre objet totem en main : « Hathor, dans ce voyage, j'emporte avec moi un peu de mon foyer. Aide-moi à profiter pleinement de cette aventure et à revenir saine et sauve à la maison. »

2 Rangez votre totem bien à l'abri dans votre bagage à main et sortez-le chaque fois que vous sentez le mal du pays vous gagner : Hathor saura vous redonner de l'entrain dans votre voyage.

DÉESSE

HEL

Déesse nordique des Enfers

Déesse nordique des Enfers (ou Niflheim), Hel – dont le nom est à l'origine du mot anglais « hell » qui signifie « enfer » – règne sur les morts de vieillesse et de maladie. Froide sans être cruelle, Hel fait néanmoins peur à voir : la légende veut en effet qu'une moitié de son visage soit humain, mais que l'autre ne soit que néant ou difformité. De même, son buste serait bien celui d'une femme, mais ses jambes, celles d'un cadavre en décomposition.

Hel est la cadette du dieu malin Loki et de la géante Angrboda. Ses frères ne sont autres que Jörmungand, le serpent de Midgard qui fera disparaître la terre sous un gigantesque raz-de-marée, et Fenrir, le loup fantomatique qui avalera le soleil lors du Ragnarök, la grande bataille de la fin du monde.

D'après la légende, quand Baldr, le fils de la déesse Frigg, fut insidieusement tué par Loki et emmené au royaume des morts, les dieux supplièrent Hel de le ramener à la vie. Hel refusa catégoriquement mais leur chagrin fut si long et si sincère qu'il finit par émouvoir la déesse : Hel accepta alors de relâcher Baldr à condition qu'il soit pleuré par toutes les créatures du monde, sans exception. Toutes les créatures se mirent ainsi en deuil, sauf Loki qui refusa ; et c'est ainsi que Baldr fut condamné à rester au Niflheim jusqu'à la fin des temps.

Dans la vie, il y aura toujours des maladies, des coups durs, des déceptions, des peines de cœur et on ne peut rien y faire. En revanche, on peut décider de la façon dont on traversera ces épreuves. Ceux qui se donnent la peine de chercher trouveront toujours le bon côté des choses.

RASHIDA JONES

RITUEL

POUR SOULAGER LES DOULEURS

Avec ce rituel, Hel pourra soulager celles et ceux qui souffrent d'arthrite, d'eczéma ou autres problèmes chroniques. Hel n'est certes pas la déesse la plus tendre ou la plus chaleureuse, mais elle n'est pas insensible pour autant et saura écouter votre appel.

À PRÉVOIR

- Une bougie orange
- Un voile noir, type foulard en mousseline ou assimilés

1 Dans une pièce plongée dans la pénombre, allumez une bougie orange et placez-vous devant elle.

2 Positionnez le voile noire sur votre tête de sorte qu'il vous cache la moitié du visage et dites : « Hel, j'en appelle à toi pour m'aider dans la maladie et alléger mes souffrances. » (Si ce rituel est destiné à aider quelqu'un d'autre, modifiez la prière en fonction).

3 Fermez les yeux quelques minutes et imaginez que la flamme de la bougie prenne de l'ampleur et vienne brûler vos douleurs et le mal qui vous ronge.

À LA RESCOUSSE

La couleur orange étant celle de la santé et de la vitalité, une bougie de ce coloris est préconisée ici.

-

Idéalement, ce rituel se pratique à chaque pleine lune mais vous pouvez le répéter à tout moment si le besoin s'en fait sentir.

RITUEL

POUR FAIRE SON DEUIL

Ce rituel s'avérera très utile pour gérer le sentiment de perte et à faire le deuil d'un être cher.

À PRÉVOIR

- Une petite bougie
- Un bol noir et blanc (ou gris) supportant la chaleur
- Un souvenir de la personne décédée
- Un papier et un stylo

MESSAGE PERSONNEL

Choisissez un bol gris ou noir et blanc pour symboliser à la fois les aspects négatifs et positifs de la mort, ainsi que les deux facettes de Hel.

-

Pour ce qui est du souvenir, optez pour un objet que la personne décédée portait contre sa peau comme un morceau de son vêtement favori, une bague ou une paire de lunettes.

1 Allumez la bougie, placez-la dans le bol et déposez le souvenir de l'être qui vous était cher à côté.

2 Imaginez que vous puissiez passer un message à cette personne et écrivez celui-ci sur une feuille de papier en vous efforçant de vous en tenir à l'essentiel (une ligne ou deux, maximum).

3 Avec le souvenir de cette personne dans une main, brûlez votre message de l'autre sur la flamme de la bougie. En regardant votre message partir en fumée, imaginez qu'Hel s'imprègne de vos mots et les transmette à la personne que vous avez perdue.

4 Gardez le souvenir de la personne proche de vous – autour de votre cou, dans votre sac, sur votre bureau, etc. – jusqu'à ce que vous vous sentiez prête à le mettre de côté.

C'est curieux, la mort d'un être cher... C'est comme monter se coucher dans le noir quand l'escalier compte une marche de moins que ce que l'on escomptait. Là où, pour nous, devrait se trouver la dernière marche, notre pied s'abat inopinément jusqu'au sol, provoquant un déboire qui nous fait perdre tous nos repères, jusqu'à ce que nous acceptions de voir les choses telles qu'elles sont vraiment.

LEMONY SNICKET,
HORSERADISH: BITTER TRUTHS YOU CAN'T AVOID

DÉESSE

HÉRA

Déesse grecque du mariage et de l'enfantement

Reine des déesses grecques, Héra est à la fois la sœur et l'épouse de Zeus. Elle eut trois enfants – Héphaïstos, dieu du feu et de la forge, Arès, dieu de la guerre, et Hébé, déesse de la jeunesse – mais, d'après la légende, elle les aurait cependant conçus seule, soit en frappant la terre de sa main, soit en buvant le suc d'une laitue. Quelle que soit la version, ces enfants restent le fruit de la haine plus que de l'amour et ne recevront d'ailleurs que très peu d'affection de leur mère.

Héra est aussi connue pour ses violentes et récurrentes colères, une hargne compréhensible quand on sait à quel point Zeus aimait courir le jupon. Rongée par la jalousie, Héra n'eut de cesse de tourmenter les maîtresses et les enfants illégitimes de son époux, notamment en jetant des serpents dans le berceau d'Héraclès, en frappant de folie les parents adoptifs de Dionysos, en plaçant Io sous la coupe du géant Argos ou encore en essayant par tous les moyens d'empêcher la naissance d'Artémis et d'Apollon.

Figure majestueuse par excellence, elle est souvent représentée avec un diadème et un voile, debout sur un chariot tiré par des paons. Outre cet oiseau, on retrouve la vache, le corbeau et la grenade, symbole du mariage, parmi ses attributs. L'un des mythes impliquant Héra les plus connus veut que cette dernière se soit présentée à Jason sous les traits d'une vieille dame et lui ait demandé de l'aider à traverser un torrent violent. Passant outre sa laideur, Jason accepta et, en échange, la déesse lui offrit sa protection, ainsi que celle d'Athéna et d'Aphrodite, dans sa quête de la toison d'or.

RITUEL

POUR LUTTER CONTRE L'INFIDÉLITÉ

Au début d'une histoire d'amour, nous sommes généralement disposées à faire confiance à l'autre mais, sur le long terme, cette confiance ne s'avère malheureusement pas toujours méritée. Si vous soupçonnez une infidélité (en cours ou à venir) de la part de votre conjoint, Héra saura vous protéger.

À PRÉVOIR

- Une grenade

SACRÉ FRUIT !
La grenade, qui symbolise le mariage, est l'attribut sacré d'Héra, d'où son utilisation dans ce rituel.

1 Attablez-vous et coupez une grenade en deux : mangez les arilles en laissant les pépins de côté. Ce faisant, réfléchissez sur ce que vous pouvez raisonnablement attendre de votre partenaire – et de vous-même – en matière de fidélité.

2 Une fois terminée, isolez trois pépins (jetez les autres) et nettoyez-les consciencieusement.

3 Rendez-vous dans la chambre conjugale et déposez les pépins sur l'oreiller de votre conjoint en disant : « Héra, enveloppe-moi de ta protection comme la grenade enveloppe ses pépins, et que jamais l'adultère ne vienne vicier mon couple. »

4 Terminez le rituel en cachant les pépins sous le matelas du côté de votre conjoint

RITUEL

POUR FAIRE FACE

Régulièrement en conflit avec son entourage et plus particulièrement avec son mari Zeus, Héra a l'habitude d'être contrariée et poussée à bout. Cela étant, elle ne manque pas de ressource et trouve toujours l'énergie nécessaire pour tenir tête à ses adversaires. À travers ce rituel, elle pourra donc insuffler sa force de caractère à celles qui le demandent.

À PRÉVOIR

- Une plume de paon

1 Prenez la plume de paon et observez-la en détail : voyez comme elle est droite, inflexible et fièrement dressée vers le haut.

2 Poussez votre réflexion plus avant et faites le lien entre ces qualités et celles que vous cherchez à développer. Laissez-vous inspirer par sa forme, ses couleurs, la sensation que sa caresse procure, etc.

3 Rangez la plume en lieu sûr et sortez-la à chaque fois que vous sentez vos forces vous abandonner : remémorez-vous ce qu'elle représente pour vous, ce qu'elle incarne. Tout en gardant les yeux fixés sur elle, invoquez Héra par ces mots : « Héra, donne-moi la force de mener ce combat sans y laisser des plumes. »

EN LIEU SÛR

Trouvez un endroit où vous vous sentez à l'aise, en sécurité et où vous ne risquez pas d'être dérangée : vous pouvez trouver refuge dans votre chambre, vous enfermer dans la salle de bain ou sortir marcher au grand air : tout est possible !

DÉESSE

ISHTAR

Déesse mésopotamienne de l'amour charnel, de la fertilité et de la guerre

Vénérée depuis 2 500 avant notre ère, Ishtar apparaît la plupart du temps comme la fille de Sîn, le dieu Lune. Bien qu'elle soit très active sexuellement, elle conserve sa virginité en se baignant périodiquement dans un lac sacré. Ses attributs sont le lion, l'étoile à huit branches et l'art la représente souvent ailée, armée d'une massue à têtes de lion.

Connue pour ses violentes colères, Ishtar, protectrice des femmes de petite vertu, collectionne les amants, mais tous ceux qui succombent à ses charmes finissent par périr. Pour éviter de subir ce triste sort, le héros Gilgamesh résista à ses avances. Folle de rage, Ishtar lança le taureau céleste à ses trousses et bien que Gilgamesh parvint à le terrasser, il s'attira – comme prévu par la déesse – le châtiment divin, ce qui mena à la perte de son fidèle ami, Enkidu.

Cette histoire illustre bien le caractère irascible d'Ishtar qui supporte mal les contrariétés. Pourtant, la déesse est capable d'amour, avec un grand A, en témoigne le voyage aux Enfers qu'elle entreprit pour sauver son mari Tammuz du trépas.

RITUEL

POUR ASSUMER SA LIBIDO

Contrairement à Ishtar qui vit sa sexualité débordante au grand jour, nombre d'entre nous peinent à assumer pleinement leur libido. Si vous êtes dans ce cas, ce rituel peut vous aider à vous libérer et à exprimer vos désirs les plus profonds.

À PRÉVOIR

- Un bol d'eau de rose

VISUALISATION
Avant de vous lancer, lisez le rituel dans son intégralité pour bien comprendre ce que vous devrez visualiser.

1 Dans votre chambre, déshabillez-vous et déposez le bol d'eau de rose sur votre table de chevet. Allongez-vous sur le lit et fermez les yeux.

2 Respirez profondément jusqu'à ce que vous vous sentiez totalement détendue, puis visualisez une grosse boule de lumière flottant au-dessus de vous. Imaginez que, tout en se rapprochant de vous, cette boule étincelante se transforme en un magnifique lion d'or.

3 Caressez le lion et enfoncez vos doigts dans son épaisse crinière. Savourez le plaisir que cette caresse vous procure et enivrez-vous de l'odeur de l'animal. Enfoncez vos doigts encore plus profondément dans sa crinière jusqu'à ne faire plus qu'un avec la bête.

4 Ouvrez lentement les yeux, levez-vous, puis plongez les doigts dans l'eau de rose et signez-vous d'une étoile à huit branches sur la poitrine.

5 Tout au long de la journée, laissez vos doigts courir sur cette zone pour sentir à nouveau toute la fougue du lion vous envelopper.

RITUEL

POUR SE JURER FIDÉLITÉ

Bien qu'Ishtar n'était pas physiquement fidèle à son mari Tammuz, elle nourrissait pour lui un amour sincère et constant qui la conduisit notamment à braver le royaume des morts pour le retrouver. La constance de ses sentiments envers lui était telle que ce rituel ne pourra qu'attirer la fidélité dans votre couple.

À PRÉVOIR

- Une mèche de cheveux ou un vêtement appartenant à votre conjoint, et le même pour vous
- Une boîte dans laquelle ces deux offrandes peuvent loger
- Un ruban rouge assez long pour faire au moins sept fois le tour de la boîte (avec un peu de marge)

DES LIENS INDÉFECTIBLES

Pour ce rituel, munissez-vous d'une mèche de cheveux de votre partenaire ou d'un vêtement imprégné de son odeur. Une fois votre choix arrêté, ajoutez l'une de vos mèches ou l'un de vos vêtements.

1 Nouez les deux offrandes ensemble avec un petit morceau de ruban et déposez-les dans la boîte. Découpez le reste du ruban en sept, sachant que chaque morceau doit être suffisamment long pour pouvoir être noué autour de la boîte.

2 Nouez chaque ruban un par un autour de la boîte en répétant à chaque fois : « Ishtar, fais que les liens de la fidélité nous unissent à jamais. »

3 Répétez l'opération jusqu'à ce que tous les rubans soient noués. Rangez la boîte en lieu sûr, en prenant garde de ne pas défaire (ou faire glisser) les liens.

DÉESSE

ISIS

Déesse égyptienne de la vie, de la fertilité et de la magie

Isis incarne les plus nobles aspects de la féminité : l'amour, la fidélité, l'instinct maternel, protecteur, et la volupté. Magicienne émérite, épouse et sœur d'Osiris, elle est, comme la déesse Hathor, souvent coiffée d'une couronne de cornes de vache entourant un disque solaire.

Isis tient ses pouvoirs magiques de Rê : elle lui extorqua un jour en créant un serpent venimeux qu'elle plaça sur son chemin. Quand Rê se fit mordre, elle lui proposa ses talents de guérisseuse mais à la seule condition qu'il lui révèle son théonyme, siège du pouvoir chez les dieux égyptiens. Sentant le poison se répandre en lui, Rê n'eut d'autre choix que de s'exécuter et, forte de ce secret, Isis put s'approprier une partie des pouvoirs du dieu solaire.

Plus tard son époux, Osiris, fut assassiné par son frère Seth. Ce dernier l'enferma dans un sarcophage qu'il jeta dans le Nil. Isis remua ciel et terre pour retrouver le sarcophage parti à la dérive. Quand Seth apprit qu'elle avait ramené le corps chez elle, il le démembra, fou de rage, et le dissémina aux quatre coins de l'Égypte. Isis entreprit alors de rassembler tous les morceaux, et elle y parvint. Seul le pénis d'Osiris resta introuvable, ce qui l'obligea à le remplacer par un phallus artificiel pour procéder à la toute première momification de l'histoire. Une fois le rite accompli, elle n'eut plus qu'à ramener son défunt mari à la vie à l'aide de ses pouvoirs magiques.

« La loyauté et l'amitié qui, à mes yeux, sont une seule et même chose, ont fait de moi un homme riche comme jamais je n'aurais pu l'imaginer. »

—

ERNIE BANKS

RITUEL

POUR RESTER LOYALE

Ce rituel peut vous être utile si vous vous sentez sur le point de trahir la confiance qu'on vous a accordée ou si vous voulez vous assurer qu'on reste loyal envers vous.

À PRÉVOIR

- Une grande bougie blanche
- Un grenat, monté ou non en bijou

DE BON MATIN

Idéalement, ce rituel est à pratiquer le matin, au saut du lit, avec un grenat, pierre de la loyauté.

1 Allumez une grande bougie blanche et tenez-vous debout devant elle en plaçant le grenat dans l'alignement de la flamme.

2 Tout en observant la lueur à travers la pierre, réfléchissez sur la situation qui met actuellement votre loyauté à l'épreuve.

3 Imaginez une situation où votre sens de la loyauté (ou celui de la personne de votre choix) pourrait faiblir, puis visualisez-vous en train de résister à la tentation de trahison. Une amie pourrait, par exemple, vous demander de lui confier un secret qui ne vous appartient pas et, inflexible, vous lui répondriez : « Non, je ne peux pas t'en parler. »

4 Rangez le grenat dans votre poche (ou portez-le s'il est monté en bijou) et gardez-le sur vous jusqu'à ce que vous vous sentiez suffisamment forte pour ne plus fléchir.

RITUEL

POUR NEUF MOIS DE BONHEUR

Tantôt représentée comme une vache, tantôt comme une femme coiffée de cornes bovines, c'est tout naturellement qu'Isis est associée au lait et, par extension, à la grossesse et la maternité. Ainsi, pour attirer ses bonnes grâces, accomplissez ce rituel avec du lait de vache, le plus naturel possible, c'est-à-dire de préférence entier et bio.

À PRÉVOIR

- Du lait entier bio
- Un disque doré

EN QUÊTE DU DISQUE SOLAIRE

Pour représenter le disque solaire d'Isis, il vous faudra un objet rond, plat et doré, comme un pendentif par exemple. Si vous n'avez rien d'approchant dans votre boîte à bijoux, rabattez-vous sur une médaille pour chien ou chat, un petit morceau de feuille d'or ou un bouchon métallique : tout est possible !

1 Servez-vous un verre de lait et plongez-y votre disque solaire.

2 Trempez votre doigt et déposez une goutte de lait sur chacun de vos seins puis sur votre ventre en prononçant l'incantation suivante : « Isis, assure la bonne santé de l'enfant que je porte et la mienne pour que je puisse subvenir à ses besoins. Apporte-lui ta protection en mon sein et sur la Terre. »

3 Une fois terminé, buvez le verre de lait et visualisez la bénédiction d'Isis se répandant à l'intérieur de vous et de votre enfant.

RITUEL

POUR BIEN VIVRE SA MATERNITÉ

Pour ce rituel, il vous faudra aménager un autel en l'honneur d'Isis au sein de votre maison, par exemple sur une table, dans un renfoncement ou sur un rebord de fenêtre.

À PRÉVOIR

- Un objet symbolisant chacun des quatre éléments (voir étape 1)
- Un objet symbolisant la Lune (voir étape 2)
- Un objet symbolisant chacun de vos enfants

SANCTUAIRE POUR UNE MÈRE

Pour vous, cet autel doit incarner la nature holistique de la maternité, le dévouement d'une mère pour ses enfants. Que vous ayez à fournir un refuge spirituel, une éducation morale ou une paire de chaussettes propres pour subvenir aux besoins de vos enfants, vous aurez toujours ce sanctuaire pour vous ressourcer.

1 Sur votre autel doit figurer chacun des quatre éléments : placez un bol en grès rempli de sable pour évoquer la terre, un verre d'eau de pluie ou de source pour représenter l'eau, un bougeoir cuivré ou doré (et sa bougie) pour symboliser le feu et un verre vide pour matérialiser l'air.

2 En guise de symbole de fertilité et de maternité, ajoutez un objet rappelant la Lune, comme un miroir rond ou une sphère de verre (bille, presse-papier, etc.).

3 Si vous le souhaitez, vous pouvez également compléter votre sanctuaire avec un objet représentant chacun de vos enfants.

4 Ne laissez pas la poussière ou la saleté s'installer sur votre autel et changez l'eau régulièrement.

5 Dès que vous vous sentez faiblir en tant que mère, recueillez-vous debout devant cet autel : allumez la bougie et demandez intérieurement à Isis de vous transférer son énergie. Méditez sur toute la force et l'amour qu'il faut pour élever des enfants et dont vous faites déjà preuve.

DÉESSE

KUAN YIN

Déesse chinoise de la miséricorde, de la compassion et des jeunes mariés

---

Kuan Yin est une figure maternelle connue pour aider les jeunes couples à concevoir. Aussi vénérée que Tin Hau, « l'impératrice céleste », Kuan Yin se confond parfois avec cette dernière sous l'appellation « déesse des mers du Sud ».

Bien que représentée la plupart du temps avec une vasque contenant la rosée de la compassion dans une main et une branche de saule dans l'autre, son attribut principal reste la fleur de lotus. On l'associe aussi à la nacre mais c'est généralement Long Nu, son acolyte, que l'on voit avec des colliers de perles. Vêtue d'un voile blanc, Kuan Yin porte souvent un enfant dans ses bras, qu'elle a d'ailleurs multiples, tout comme ses yeux.

Si, à l'origine, Kuan Yin est une princesse indienne, c'est aussi une bodhisattva, c'est-à-dire une mortelle qui a atteint l'éveil et gagné le droit d'accéder au Nirvana – état de l'âme libérée –, mais qui choisit volontairement de rester sur terre pour aider les autres à trouver la Voie. La légende dit qu'alors qu'elle s'apprêtait à devenir bouddha, Kuan Yin entendit quelqu'un pleurer sur terre et, ne pouvant demeurer insensible à cette plainte, décida de rester ici-bas pour soulager les peines des hommes jusqu'à ce qu'ils atteignent, à leur tour, l'illumination et puissent l'accompagner au Nirvana. Ce mythe explique pourquoi, encore aujourd'hui, Kuan Yin est invoquée en période de troubles ou de danger.

RITUEL

POUR FAIRE PREUVE DE COMPASSION

Avec les médias qui nous bombardent d'images choc à longueur de journée, il arrive que nous nous sentions de moins en moins concernées par la souffrance d'autrui. Kuan Yin, à l'inverse, fait preuve d'une compassion sans borne et, en l'invoquant, nous renouerons avec notre capacité à compatir pour tous – et pas seulement pour nos proches.

À PRÉVOIR

- Un bol d'eau de source ou de pluie
- Une branche de saule

1 Asseyez-vous en tailleur en tenant le bol d'eau d'une main et la branche de saule de l'autre.

2 Interrogez-vous sur ce que signifie vraiment être compatissant et sur la valeur de cette qualité, puis méditez sur ce que vous voudriez ressentir et pourquoi.

3 Consacrez quelques minutes à apprécier la compassion de Kuan Yin à sa juste valeur et à vous demander pourquoi vous voulez la faire vôtre.

4 Imaginez ensuite Kuan Yin vous déchargeant de tout votre égoïsme et de votre impassibilité.

5 Dès que vous vous sentez libérée de ces sentiments négatifs, buvez l'eau en imaginant qu'elle vous emplit de compassion, à l'image de Kuan Yin.

D'AMOUR ET D'EAU FRAÎCHE

Pour symboliser la rosée de la compassion que Kuan Yin collecte dans une vasque, allez prélever de l'eau de source dans la nature ou placez un bol dans votre jardin pour recueillir l'eau de pluie.

RITUEL

POUR SE PURIFIER

Pour ce rituel qui consiste à recevoir la bénédiction de Kuan Yin et à vous purifier, prévoyez une journée entière. Ce jour-là, ne cherchez pas la compagnie d'autrui, mettez votre mobile sur messagerie, éteignez la télévision et reportez toute obligation qui vous amènerait à sortir ou à entrer en contact avec autrui.

À PRÉVOIR

- Du sel
- Des fruits frais et bio

DU TEMPS POUR SOI
Pour ce rituel, dégagez-vous une journée sans aucune obligation – ni travail, ni autres engagements. Si c'est trop demandé, faites au mieux mais essayez au moins de tabler sur une matinée (ou une soirée) complète.

1 Le matin, commencez le rituel de purification en prenant un bain agrémenté d'une poignée de sel. En entrant dans la baignoire, invoquez Kuan Yin en disant : « Kuan Yin, lave-moi de mes imperfections et rends-moi aussi pure que toi. »

2 Passez la journée à faire des choses simples que vous appréciez comme méditer, lire ou profiter de la nature, par exemple en allant cueillir des fleurs sauvages ou en vous promenant dans les bois.

3 Buvez uniquement de l'eau et nourrissez-vous exclusivement de fruits bio frais.

4 À la fin de la journée, reprenez un bain et répétez l'incantation de l'étape 1.

DÉESSE

LAKSHMI

Déesse hindoue de la fortune et de la beauté

Tout comme son mari, Vishnou, le protecteur, à qui l'on prête de nombreux avatars, dont un poisson, une tortue, un sanglier et un lion, Lakshmi serait apparue sous différentes formes. Le jour, les deux époux traversent le ciel sur le dos de Garuda, l'homme-oiseau symbole du Soleil et, la nuit, ils se reposent sur Ananta, le serpent multicéphale de l'éternité.

Lakshmi est née de l'écume formée lors du barattage de l'océan, épisode de la mythologie hindoue durant lequel les dieux acquirent le nectar d'immortalité. Vivant dans le luxe, entourée de précieux bijoux, d'étoffes somptueuses, de musique et d'animaux, elle est généralement représentée assise sur une fleur de lotus ou un paon et avec des guirlandes de lotus autour du cou. L'iconographie la montre parfois avec quatre bras.

Lakshmi distribue, à qui bon lui semble – et pas forcément aux plus méritants – beauté, bonheur, richesse et prospérité. Incarnant l'épouse modèle, elle inspire les jeunes mariées qui se parent des mêmes atours qu'elle, à savoir des bijoux et une robe dorée, pour passer le seuil du domicile conjugal. En Inde, Lakshmi est vénérée au début de chaque année fiscale pour garantir le succès financier des entreprises et chaque foyer allume une lanterne en son honneur pendant Divali, la fête des lumières indienne.

RITUEL

POUR TROUVER LE BONHEUR

Nous cherchons toutes le bonheur mais savons-nous seulement ce qui peut nous rendre heureuses ? Quand certaines rêvent d'amour, d'autres cherchent la sécurité financière, et d'autres encore veulent simplement avoir plus de temps pour s'adonner à leurs passions. Ainsi, avant de demander à Lakshmi de vous combler, prenez le temps de réfléchir à ce qu'il vous manque réellement pour être heureuse.

À PRÉVOIR

- Un vêtement doré
- Une bougie
- Une lanterne dorée ou cuivrée

UN HABIT DE LUMIÈRE

Si vous n'avez rien de doré dans votre dressing, choisissez un vêtement avec un liseré ou encore un châle lamé d'or. Chaussures et rubans dorés viendront idéalement compléter votre tenue, ainsi que tous vos bijoux en or.

1 Parée du vêtement doré de votre choix, allumez une bougie et placez-la au centre d'une lanterne avant de la suspendre à une fenêtre de telle sorte qu'elle soit visible de l'extérieur.

2 Invoquez la déesse par ces mots : « Lakshmi, toi qui sèmes le bonheur comme bon te semble, je te demande de bien vouloir le semer sur moi. »

3 Laissez la lanterne en place jusqu'à ce que la bougie s'éteigne, ou jusqu'à ce que vous alliez vous coucher.

4 Pendant le mois qui suit ce rituel, rallumez la bougie (ou une autre) tous les soirs pour attirer l'attention de Lakshmi sur vous.

RITUEL

POUR PRENDRE UN BON DÉPART

Lakshmi peut apporter bonheur et fortune à qui elle veut, mais elle a un faible pour les hommes et femmes d'affaires. Ainsi, ce rituel permet de courroner de succès n'importe quel projet mais s'il s'agit en plus d'un projet professionnel, vos chances seront encore meilleures !

À PRÉVOIR

- Un jeu de cartes à jouer ou de cartes des anges

UN ANGE PASSE

Ici, vous pouvez utiliser un jeu de cartes classique ou de cartes des anges (évitez cependant les cartes de tarot). Ces dernieres ont la particularité d'avoir une vertu (« patience », « clémence », « courage », etc.) attribuée à chaque carte. Les cartes des anges sont vendues dans le commerce mais si vous n'en trouvez pas, pourquoi ne pas créer les vôtres ?

1 Mélangez les cartes et étalez-les en éventail devant vous, face contre la table.

2 Tirez une carte les yeux fermés et dites : « Lakshmi, partage ta connaissance et ta vision avec moi à travers cette carte. »

3 Regardez la carte : qu'elle affiche un chiffre, une figure ou un mot, considérez celui-ci comme un porte-bonheur pour votre futur projet. Par exemple, si vous avez tiré le neuf de trèfle et qu'on vous propose des locaux situées au n° 9 de la rue pour votre nouvelle affaire, voyez cela comme un signe. Faites de même avec le mot que vous avez tiré si vous avez utilisé les cartes des anges. Quoi qu'il arrive, ne cherchez pas à changer de carte, même si celle que vous avez tirée ne vous inspire pas : faites confiance à Lakshmi, elle vous le rendra bien !

DÉESSE

MAÂT

Déesse égyptienne de la vérité, de la justice et de l'ordre cosmique

L'emblème de Maât est une plume d'autruche appelée « plume de la vérité » : lors de la psychostasie, cette plume était utilisée comme contrepoids pour jauger le cœur des défunts. Au pied de la balance se trouvait Ammout, un monstre femelle également connue sous le nom de la Dévoreuse d'âmes. Si le coeur s'avérait plus léger que la plume, l'âme était autorisée à rejoindre le royaume d'Osiris, c'est-à-dire le royaume des morts ; et dans le cas inverse, il était jeté en pâture au monstre… Le rôle de Maât étant déterminant dans ce jugement, la déesse est souvent représentée avec sa plume fièrement dressée sur la tête.

Garante de l'harmonie cosmique, Maât a participé à la création de l'univers, veillant à ce que l'équilibre soit respecté en toute chose, des corps célestes aux relations humaines. Elle chapeaute ainsi la cohésion entre la Terre et le Ciel, régule le cycle des saisons, l'alternance du jour et de la nuit, du Soleil et de la pluie, et les mouvements des étoiles.

Responsable des relations sociales, du respect de la morale et de la bonne conduite, elle était particulièrement appréciée des rois et pharaons égyptiens qui s'estimaient sous sa protection et aimaient s'autoproclamer « bien-aimés de Maât ». Les juges voyaient également en elle une figure symbolique et une image de Maât a longtemps orné leur poitrine.

RITUEL

POUR NE PLUS FAIRE SEMBLANT

Ce rituel incitera celles qui le pratiquent à se montrer plus sincères et à s'entourer de personnes franches. Tout le monde laisse échapper un petit mensonge ici ou là mais, même s'il n'y a pas intention de nuire, cela reste une forme d'hypocrisie.

À PRÉVOIR

- Une plume bleu foncé

TOUTE LA VÉRITÉ, RIEN QUE LA VÉRITÉ

En invoquant Maât, vous comprendrez qu'il n'y a pas de petits mensonges et que la vérité est sévèrement compromise chaque jour. Ce rituel vous aidera à ne pas participer à ce manque de sincérité général.

-

Pour ce qui est de la symbolique, le bleu est la couleur de la vérité et la plume est l'attribut principal de Maât, d'où leur utilisation dans ce rituel.

1 Debout devant une fenêtre, tenez la plume bien droite devant vous et dites : « Maât, à la plume de la vérité, je soumets tous mes actes et toutes mes paroles. »

2 Coincez la plume contre le carreau de manière qu'elle tienne bien droite.

3 Tout au long de la journée qui s'ensuit, mettez un point d'honneur à vous montrer franche. Si quelque chose ne vous plaît pas, dites-le ou passez à autre chose – ne faites pas comme si tout allait bien alors que vous ruminez intérieurement. De même, si quelqu'un sollicite votre avis, exprimez le fond de votre pensée, avec tact mais sans vous soucier du qu'en-dira-t-on. Ne faites pas semblant d'être d'accord avec les autres quand vous ne l'êtes pas.

RITUEL

POUR QUE JUSTICE SOIT FAITE

Ce rituel sera utile à toutes celles qui ont le sentiment d'être victimes d'injustice, quel que soit le contexte : une querelle avec des proches, un différend professionnel, un litige, etc.

À PRÉVOIR

- Une bougie noire
- Un papier et un stylo
- Une plume blanche

DANS LA BALANCE

Attention ! Si vous demandez justice à Maât, vous devez être prête à accepter son verdict.

1 Allumez la bougie, posez-la sur une table et munissez-vous de deux feuilles de papier.

2 Sur la première feuille, résumez en quelques points le différend dans lequel vous êtes impliquée et expliquez brièvement pourquoi, de votre point de vue, il est évident que vous êtes dans votre droit.

3 Faites de même sur la seconde feuille, mais en adoptant le point de vue de la partie adverse.

4 Déposez les deux feuilles de papier de part et d'autre de la bougie et la plume à plat devant, dans le même alignement.

5 Demandez justice à Maât en disant : « Maât, toi qui sais peser le pour et le contre de toute affaire, rends la justice et j'accepterai ton verdict. »

DÉESSE

NOUT

Déesse égyptienne du Ciel

Frère et sœur mais aussi mari et femme, Nout et Geb étaient si fusionnels qu'ils restaient constamment collés l'un à l'autre. Opposé à leur union, Rê, le dieu Soleil, ordonna à Shou, dieu de l'air et père des amants, de les séparer. Shou souleva alors Nout dans les airs, créant ainsi un espace entre elle et Geb où les créatures terrestres pourraient s'épanouir. Dans la mythologie égyptienne, le ventre de Nout représente le Ciel, les joyaux qui ornent son vêtement, les étoiles, et Geb, la Terre.

Pour punir Nout davantage, Rê décréta qu'elle ne pourrait enfanter au cours des trois cent soixante jours que comptait le calendrier égyptien. Thot, le scribe des dieux, défia cependant la Lune au jeu et gagna soixante-dix secondes d'éclat lunaire avec lesquelles il créa cinq nouveaux jours. Nout put ainsi donner naissance à cinq enfants – un par jour – dont trois fils (Osiris, Seth et Horus) et deux filles (Isis et Nephtys).

Nout est généralement dépeinte comme une femme très mince, nue, positionnée à quatre pattes, avec les mains et les pieds en appui sur les quatre points cardinaux. Symbolisant la frontière entre la Terre et le Cosmos, elle voit chaque matin le dieu solaire, Rê, sortir de son vagin sur sa barque sacrée avant de voguer tout le jour sur son dos céleste et de s'engouffrer chaque soir dans sa bouche.

J'aimerai la lumière parce qu'elle me montre le chemin, mais je ne renoncerai pas à l'obscurité parce qu'elle me montre les étoiles.

—

OG MANDINO

RITUEL

POUR BOOSTER SA FERTILITÉ

Beaucoup de couples peinent à concevoir : pour certains, la difficulté n'est que passagère mais, pour d'autres, le processus peut s'avérer très long et désagréable car jalonné de tests et de traitements contraignants. Mais avant de vous résigner et d'apprendre à s'épanouir autrement qu'à travers un enfant, faites appel à Nout pour booster votre fécondité : ayant elle aussi dû surmonter des obstacles pour procréer, elle saura vous aider.

À PRÉVOIR

- Une bougie bleu foncé
- Une amulette en forme d'étoile

1 Allumez une bougie bleu foncé et tenez-vous debout devant elle, votre amulette devant la flamme.

2 Invoquez Nout en disant : « Nout, je me tourne vers toi pour que tu me donnes un enfant. Aide-moi à tomber enceinte ou, si telle est ma destinée, à trouver le bonheur autrement. »

3 Si vous parvenez finalement à concevoir, attendez la naissance de votre enfant puis enterrez votre amulette – de nuit, dans un endroit calme – en guise d'offrande à Nout.

« TELLE EST MA QUÊTE »

Quel symbole mieux que l'étoile peut à la fois représenter votre désir d'enfant et Nout, la déesse céleste au ventre couvert d'étoiles ? Votre objectif ici est donc de trouver une amulette en forme d'étoile, comme un bijou, un pendentif en argent, ou tout autre objet gravé d'une étoile, mais sans vous précipiter pour autant : laissez-vous le temps de trouver le talisman qui vous correspond.

RITUEL

POUR ÉTIRER LE TEMPS

Quelles que soient nos raisons, nous aimerions toutes avoir plus de temps pour repousser un délai professionnel, rallonger nos vacances, jardiner ou voir davantage nos petits-enfants. Or, pour que Nout puisse mettre au monde ses cinq enfants, Thot créa cinq nouveaux jours ; alors tout est possible !

À PRÉVOIR

- Une pomme
- Un saladier résistant au feu
- Un ruban de soie bleu

PROFITER DE L'INSTANT PRÉSENT

Bien entendu, ce rituel n'a pas le pouvoir d'allonger le temps mais, après l'avoir accompli, le temps dont vous disposez vous semblera plus long et vous arriverez à en tirer pleinement profit.

1 Coupez la pomme en deux, retirez tous les pépins et déposez-les dans un bol.

2 Sortez au jardin, ajoutez des brindilles ou du papier dans votre saladier pour aider à la combustion et brûlez les pépins.

3 Recomposez la pomme en maintenant les deux moitiés l'une contre l'autre à l'aide d'un ruban de soie bleu et enterrez-la dans votre jardin.

4 Débarrassez-vous des restes de pépins en vous assurant qu'ils ne pourront jamais germer, par exemple en les jetant au feu ou en les enfermant dans une boîte hermétique jusqu'à ce que vous ne soyez plus en quête de temps.

Le papillon ne compte pas les mois mais les instants, et il a assez de temps.

—

RABINDRANATH TAGORE

DÉESSE

PAPA

Déesse maori de la Terre

On dit qu'avant que la lumière ne soit, Papa, déesse de la Terre, et son mari Rangi, dieu du Ciel, étaient si étroitement enlaçés qu'ils empêchaient leurs enfants de sortir du ventre de leur mère et les végétaux des entrailles de la Terre.

Désireux de s'émanciper, les enfants des deux divinités décidèrent alors de commettre un parricide mais, Tani, le dieu des forêts, suggéra plutôt d'éloigner Rangi et de rester près de Papa. Après de multiples tentatives, Tani finit par réussir à desceller à jamais l'étreinte parentale et l'espace qui se créa entre eux s'emplit alors de lumière. Depuis, les légendes des Nghaitahu de l'île du Sud de la Nouvelle-Zélande veulent que la brume soit les soupirs malheureux des divins parents séparés, et la rosée du matin les larmes de tristesse de Rangi.

Le culte de Papa existe également à Hawaï mais, pour les Polynésiens, la déesse était mariée à Wakea, l’ancêtre de tous les Hawaïens. Quand celui-ci la trompa avec une de leurs filles, elle le quitta sur-le-champ, déserta la Terre et, de colère, ôta le don d'immortalité aux humains. Cet épisode serait par ailleurs à l'origine de la division de la société hawaïenne en classes puisque le premier esclave aurait été l'un des enfants abandonnés par Papa.

RITUEL

POUR SURMONTER UN DIVORCE

Que la décision vienne de vous ou non, un divorce n'est jamais facile à vivre. Ayant elle-même traversé cette épreuve, Papa pourra tendre vers vous une oreille compatissante pendant cette période de trouble.

À PRÉVOIR

- Une boussole

RENCONTRE AU SOMMET

Papa étant une déesse de la terre, il est plus facile d'entrer en contact avec elle dans la nature. Si vous habitez en ville, organisez-vous une journée à la campagne – idéalement près d'un ancien site sacré comme un cercle de pierres, un dolmen, etc. – pour effectuer ce rituel en haut d'une colline.

1 Asseyez-vous, face à l'Ouest, au sommet d'une colline et saisissez une poignée de terre (ou de cailloux ou d'herbe). En gardant les yeux rivés sur ce prélèvement, concentrez-vous sur toutes les émotions négatives que vous avez ressenties ces derniers temps.

2 Jetez votre poignée de terre aussi loin que possible en bas de la colline et dites : « Papa, j'en appelle à toi pour emporter ces sentiments loin de moi. »

3 Levez-vous et faites face à l'Est. Le rergard sur l'horizon, passez en revue toutes les émotions que vous ne voulez plus jamais ressentir.

4 Fermez les yeux et prenez trois grandes inspirations avant de descendre de la colline.

Notre plus grande gloire
n'est pas de ne jamais tomber
mais de nous relever après
chaque chute.

—

CONFUCIUS

La paix n'est pas l'absence de conflits, c'est la capacité de gérer des conflits par des moyens pacifiques.

—

RONALD REAGAN

—

RITUEL

POUR APAISER LES CONFLITS FAMILIAUX

Ce rituel consiste à invoquer Papa, déesse de la Terre, qui rencontra des différends avec ses enfants. Les pierres étant les enfants de la Terre, elles sont utilisées ici pour représenter vos enfants et vous.

À PRÉVOIR

- Des galets
- Une bougie bleue
- Une boîte ou une pochette suffisamment grande pour contenir les galets

DE L'IMPORTANCE DE LA SYMBOLIQUE

Ramassez des galets ou des pierres lisses dont l'aspect vous séduit ; prenez-en autant que le nombre de personnes impliquées dans le conflit, plus une pour symboliser Papa.

-

La bougie bleue, quant à elle, fait office de symbole d'amitié et de coopération.

1 Nettoyez et polissez les galets.

2 Allumez la bougie et disposez les galets autour en représentant une forme simple comme un triangle, un carré ou un cercle. L'important ici est de créer un agencement symbolisant l'ordre, en plaçant par exemple tous les galets à équidistance de la bougie.

3 Concentrez-vous quelques instants sur ce que vous espérez qu'il ressorte de ce conflit.

4 Laissez les galets autour de la bougie jusqu'à ce qu'elle se soit entièrement consumée.

5 Déposez les galets dans une boîte ou une pochette et rangez-les en lieu sûr jusqu'à ce que le conflit soit résolu. Le moment venu, rendez les galets à la nature.

DÉESSE

PARVATI

Déesse hindoue de la fertilité

Parvati est la réincarnation bénigne de Sati, la déesse principale du panthéon hindou. Épouse de Shiva, dieu de la destruction, elle est considérée par les Hindous comme l'épouse modèle, dévouée, fidèle et fertile. D'après la légende, Parvati avait autrefois la peau noire mais Shiva la railla tant à ce sujet qu'elle finit, au prix de nombreux efforts, par troquer celle-ci pour une carnation d'or.

D'abord présentée à Shiva comme une danseuse, elle ne parvint pas à le détourner de la profonde méditation dans laquelle il s'était plongé après le décès de sa première femme, Sati. Parvati étant la réincarnation de Sati, elle adopta une vie d'ascèse, jusqu'à ce que, finalement, sous l'influence du dieu de l'amour Kama, Shiva éprouva du désir pour elle et la prit pour épouse.

Parvati est la mère de Ganesh, le dieu de la fortune, qu'elle conçut à partir de ses propres peaux mortes collectées après le bain. Souhaitant faire de son fils son protecteur, Parvati le posta à l'extérieur de sa chambre pour monter la garde. Quand Shiva vint lui rendre visite, Ganesh essaya de l'empêcher d'entrer, ce qui lui valut de se faire sauvagement trancher la tête. Au désespoir, Parvati implora Shiva de ramener son fils à la vie : le dieu attrapa alors la première tête qu'il trouva, à savoir celle d'un éléphant, et la greffa sur le corps de Ganesh, d'où les représentations mi-homme mi-pachyderme que l'on retrouve partout dans l'iconographie hindoue.

RITUEL

POUR UN SOUTIEN SANS FAILLE

Ce rituel permet de développer sa capacité à soutenir l'être aimé en toute circonstance. Son effet s'adresse principalement à vous mais rejaillira également sur votre conjoint, qui sera ainsi d'un plus grand soutien envers vous.

À PRÉVOIR

- Une lotion, huile ou crème parfumée pour le corps
- De la musique sur laquelle vous aimez danser

L'UNION FAIT LA FORCE

Pour un meilleur résultat, pratiquez ce rituel d'abnégation à deux, avec votre conjoint.

1 Commencez par vous détendre dans un bon bain, en évacuant le stress accumulé et toute distraction mentale.

2 En sortant, enduisez-vous le corps d'huile ou de crème hydratante parfumée.

3 Mettez un morceau sur lequel vous aimez danser : peu importe que ce soit une valse ou du rock n' roll, du moment qu'il dégage des ondes positives pour vous. Montez le son autant que possible (sans fâcher vos voisins...) et laissez votre corps s'exprimer. Si votre conjoint est avec vous, dansez dans les bras l'un de l'autre ou en vous touchant plutôt que chacun de son côté.

4 Poursuivez votre danse dans chaque pièce de la maison, y compris l'entrée, la chambre des enfants, le bureau et les escaliers mais insistez particulièrement sur votre chambre, la cuisine, la salle de bain, le salon ou toute autre pièce où votre conjoint et vous passez du temps ensemble.

5 Continuez aussi longtemps qu'il vous plaira et que votre énergie le permet.

RITUEL

POUR GARDER LE CAP

La persévérance n'est pas le point fort de tout le monde, et même si nous savons faire preuve de ténacité dans certains domaines, il peut nous arriver d'avoir tendance à baisser rapidement les bras dans d'autres. Avec ce rituel, Parvati vous transmettra sa détermination à toute épreuve.

À PRÉVOIR

- Un papier et un stylo

SAVOIR RENONCER

Pour tirer les enseignements de Parvati qui renia toute forme de confort des années durant anfin de conquérir le cœur de Shiva, vous allez devoir renoncer à quelque chose pendant un mois – évitez cependant les domaines dans lesquels vous savez avoir du mal à vous maîtriser : par exemple, si vous n'arrivez jamais à tenir un régime, renoncez à la télévision ; si vous avez tendance à jeter l'éponge à la moindre complication amoureuse, supprimez le chocolat ou l'alcool. Parvati vous apportera la force nécessaire pour tenir bon.

1 Sur une feuille de papier, notez ce à quoi vous avez décidé de renoncer.

2 Le premier du mois, demandez le soutien de Parvati par ces mots : « Ô Parvati, toi qui as su faire preuve d'abnégation des années durant, aide-moi à tenir un petit mois sans ___ (ce à quoi vous avez renoncé). »

3 Les trente jours suivants, reprenez votre papier en main et répétez cette prière à chaque fois que vous sentirez votre volonté faiblir.

DÉESSE

PROSERPINE

Déesse romaine des Enfers

Proserpine, sublime déesse romaine des Enfers, est la fille de Jupiter (roi des dieux) et de Cérès (déesse des moissons). Ses attributs sont l'épi de maïs et la grenade. Alors qu'elle n'était encore qu'une jeune fille, son oncle Pluton, dieu des Enfers, tomba éperdument amoureux d'elle et l'enleva – avec l'accord de Jupiter – pour la faire prisonnière de son royaume.

Dévastée par la disparition de sa fille, Cérès parcourut la terre entière à sa recherche. Quand elle apprit la vérité, elle exprima sa colère en laissant une terrible sécheresse s'abattre sur la terre et ruiner toutes les récoltes. Contraint d'intervenir, Jupiter envoya son messager Mercure à la rencontre de Pluton pour lui demander de relâcher Proserpine. Ce dernier accepta, mais offrit également une grenade à la jeune fille qui, naïve, en avala une arille. Or quiconque goûte à la nourriture des morts ne peut plus jamais rejoindre le royaume des vivants...

Pour contenter à la fois son frère et sa femme, Jupiter décréta que Proserpine passerait deux tiers de l'année sur terre avec Cérès et le tiers restant avec Pluton. Ainsi, quand sa fille est aux Enfers, Cérès ne laisse rien germer sur la Terre : l'hiver s'installe... Et quand arrive l'heure des retrouvailles, elle lève sa sanction et le printemps revient.

RITUEL

POUR SE MONTRER PATIENTE

Quand il s'agit d'attendre (le retour de l'être aimé, des résultats d'examens ou même simplement la fin de l'hiver), nombre d'entre nous aimeraient faire preuve de plus de patience. Dans ces situations, rappelez-vous que Proserpine fut condamnée à passer tous ses hivers aux Enfers et qu'elle accepta sa destinée sans broncher.

À PRÉVOIR

- Une bougie noire
- Un bandeau de soie ou de mousseline noire (facultatif)

AU CŒUR DES TÉNÈBRES

Ce rituel évoque la captivité de Proserpine dans les entrailles de la Terre ; pratiquez-le de préférence la nuit, dans une pièce où la lumière ne pénètre pas.

1 Allumez une bougie, tirez les rideaux et éteignez toutes les lumières.

2 Asseyez-vous devant la bougie et appréciez à quel point vous êtes dépendante de sa lueur. Soufflez sur sa flamme et restez immobile, dans l'obscurité. Si besoin, n'hésitez pas à vous bander les yeux.

3 Restez ainsi au moins quinze minutes (à vous d'estimer ce temps au plus juste), en méditant sur la patience dont Proserpine dut s'armer quatre mois par an. Invoquez la déesse en silence et demandez-lui de vous transmettre cette capacité à prendre son mal en patience.

RITUEL

POUR FAIRE REVENIR LE SOLEIL

Proserpine passe un tiers de l'année (l'hiver) sous terre, et quand elle refait surface, elle amène le soleil du printemps avec elle. Ce rituel vise à demander à la déesse de faire de même pour nous.

À PRÉVOIR

- Un fruit représentant le Soleil
- Un saladier en grès
- Du sable

UN FRUIT DU SOLEIL

Pour ce rituel, choisissez un fruit qui symbolise le Soleil, idéalement une grenade puisque c'est l'un des attributs de Proserpine ou, à défaut, une orange ou un citron.

1 Commencez par offrir votre fruit à Proserpine, en disant : « Proserpine, je te dédie cette grenade (cette orange ou ce citron). »

2 Déposez le fruit dans le saladier, recouvrez-le de sable et laissez-le deux heures ainsi, le temps de vaquer à vos occupations.

3 Saisissez le fruit et soulevez-le hors du sable en prononçant l'incantation suivante : « Comme toi qui t'élèves des tréfonds de la Terre à chaque printemps, comme cette grenade qui s'élève hors du sable, laisse le Soleil s'élever dans le Ciel et déverser sur nous sa chaude lumière. »

4 Dégustez le fruit et sentez l'énergie de la déesse grandir en vous.

DÉESSE

SEDNA

Déesse inuit de la mer

En tant que déesse marine de la mythologie arctique, Sedna règne sur les profondeurs de l'océan, lieu où les hommes sont envoyés pour expier leurs péchés. Bien que les Inuits la craignaient au plus haut point, ils lui adressaient régulièrement des prières par l'intermédiaire de leur chaman pour qu'elle libère les phoques à l'heure de la chasse. Les légendes décrivent Sedna comme une belle jeune fille, connue pour éconduire tous les prétendants qui venaient la courtiser. Son père, qui avait bien besoin d'un homme jeune et fort dans la famille, lui ordonna alors d'épouser son prochain soupirant. Un homme, le visage dissimulé par la fourrure de sa pelisse, se présenta peu après et promit de mettre Sedna à l'abri du froid et du besoin. Sedna accepta sa demande à contre-cœur et le suivit jusqu'à sa demeure, qui s'avéra en fait terriblement froide et lugubre. Son mari ôta alors sa capuche et la jeune fille découvrit un visage monstrueux : ce n'était autre qu'un pétrel-tempête, un oiseau marin capable de prendre forme humaine.

Le père de Sedna sauta alors dans son bateau pour secourir sa fille mais le pétrel les prit en chasse. Pétrifié à l'idée que l'oiseau ne déclenche une tempête qui les fasse périr tous les deux, le père jeta sa fille par-dessus bord. Sedna s'agrippa à l'embarcation mais son père lui trancha les doigts et ceux-ci devinrent les phoques, morses et baleines qui peuplent aujourd'hui les océans. Sedna sombra dans les abîmes où elle réside encore et veille sur toutes les créatures marines. Depuis, elle n'hésite pas à déclencher des tempêtes marines pour exprimer sa colère et tenter de noyer les hommes.

RITUEL

POUR ARRÊTER DE CULPABILISER

Que l'on soit en tort ou non, se sentir coupable n'arrange rien. Ceci dit, la culpabilité reste un sentiment destructeur extrêmement difficile à dissiper. Présenter ses excuses à l'interessé peut bien sûr aider mais ce n'est pas toujours possible. De plus, le pardon que nous cherchons n'est pas forcément celui d'une personne physique, mais parfois d'une entité supérieure. À travers ce rituel, la déesse Sedna, reine du royaume des morts, saura justement apaiser celles qui sont rongées par le remords en leur accordant son pardon.

À PRÉVOIR

- Un repas simple à base de poisson et de légumes
- Des bougies

EN TOUTE SIMPLICITÉ

Préparez-vous un repas de poisson aussi simple que possible, composé par exemple d'un filet de poisson cuit à l'étuvée ou au four et de quelques légumes vapeur.

1 Attablez-vous et allumez des bougies pour favoriser votre réflexion.

2 Dégustez votre repas et focalisez-vous sur une personne envers qui vous éprouvez de la rancune. Forcez-vous à passer outre vos différends puis dirigez vos pensées sur quelqu'un qui, par le passé, a eu un comportement similaire à celui pour lequel vous culpabilisez aujourd'hui.

3 Après l'indulgence dont vous venez de faire preuve, demandez à Sedna de vous pardonner en retour en disant : « Sedna, alors que je mange ce poisson, investis mon corps et lave-moi de la culpabilité qui me ronge. »

RITUEL

POUR TROUVER LA CLÉ

Ici, il ne s'agit pas de remettre la main sur un objet perdu, mais de se découvrir soi-même : qui sommes-nous et que voulons-nous vraiment ? Pour répondre à ces questions existentielles que nous sommes nombreuses à nous poser, plusieurs années d'introspection sont souvent nécessaires mais, grâce à Sedna, déesse à laquelle les hommes du Grand Nord s'en remettent quand ils partent en quête de nourriture, ce processus peut être grandement accéléré.

À PRÉVOIR

- Le matériel de loisirs créatifs de votre choix
- Un enregistrement de chants de baleine

LE CHANT DE L'OCÉAN

Pour ce rituel, prévoyez quatre ou cinq soirées d'une même semaine (ou plus, si vous le souhaitez) et procurez-vous un CD (ou une playlist) de chants de cétacés pour rendre hommage à Sedna.

1 Consacrez plusieurs soirs de votre semaine à réaliser une création (dessin, peinture, broderie, etc.) sur le thème de la baleine avec des chants de cet animal en fond sonore. La composition vous revient entièrement : gros plan, marine avec silhouette de baleine au loin, groupe d'individus ou baleine solitaire, c'est vous qui voyez !

2 Avant de démarrer chaque session, posez-vous la question suivante : « Qu'est-ce que je recherche et pourquoi ? »

3 En vous immergeant dans votre création et le chant des baleines, méditez sur l'objet de votre quête.

4 Une fois votre réalisation terminée, votre réflexion devrait avoir bien avancé.

DÉESSE

TARA

Déesse tibétaine de la sagesse et de la compassion

Déesse mère du bouddhisme tibétain, Tara est l'épouse d'Avalokiteshvara – le bodhisattva syncrétique qui atteignit l'éveil mais préféra rester sur Terre pour aider les hommes à trouver la Voie plutôt que d'accéder au Nirvana. D'après la légende, l'intégralité du peuple tibétain – y compris Bouddha – descendrait de Tara et d'Avalokitesvara.

Témoignant d'une profonde compassion envers les autres, Tara est particulièrement protectrice avec ceux qui doivent affronter les dangers de la mer, d'où le titre de « Dame des nefs » qu'on lui attribue parfois. Sa plus grande qualité reste la sagesse qu'elle met à profit en aidant ceux qui pratiquent la contemplation et la méditation à traverser la rivière de l'expérience pour atteindre l'éveil et le détachement spirituel.

Dans l'iconographie tibétaine, Tara est souvent représentée chevauchant un lion et portant le Soleil à bout de bras ou comme une jeune femme tenant une fleur de lotus. De même, elle peut apparaître sous différentes formes et couleurs : le vert et le blanc symbolisent sa compassion, mais le rouge, le jaune ou le bleu signalent son côté dangereux. En jaune et avec trois yeux par exemple, elle devient Bhrikuti, la mère du Bouddha, l'un de ses avatars les plus cruels. La Tara verte, en revanche, serait née d'une larme d'Avalokiteshvara et aurait le pouvoir d'apaiser tous les tourments du monde.

RITUEL

POUR VOIR CLAIR EN SA MOITIÉ

Il nous arrive toutes de douter de la sincérité et de l'intensité de l'amour que nous porte notre moité. Or Tara peut nous éclairer sur la nature des sentiments que notre partenaire nourrit pour nous.

À PRÉVOIR

- Un papier et un stylo

FAITES-VOUS CONFIANCE

Pour ce rituel, vous n'aurez besoin que d'un papier, d'un stylo et de votre capacité à faire confiance à votre subconscient. Pour bien faire, choisissez donc un moment où vous vous sentez complétement détendue.

1 Munie de votre papier et de votre stylo, asseyez-vous et fermez les yeux.

2 Concentrez-vous sur le nom de votre moitié ainsi que sur ses caractéristiques physiques et émotionnelles. Ouvrez les yeux et inscrivez « TARA » au centre de votre feuille.

3 Focalisez vos pensées sur votre amant, et laissez votre stylo courir sur le papier en écrivant son nom puis en griffonnant tout ce qui vous passe par la tête – mots, dessins, motifs abstraits, etc. Laissez votre esprit vagabonder librement jusqu'à ce que vos gribouillages occupent toute la page.

4 Posez ensuite votre stylo et reconcentrez-vous sur votre amant. Parcourez attentivement vos dessins jusqu'à ce qu'un détail vous saute aux yeux. Étudiez cet indice en profondeur jusqu'à ce que le lien se fasse en vous et que vous perceviez clairement la nature des sentiments de votre partenaire.

RITUEL

POUR DES VOYAGES SANS HEURT

Normalement, ce rituel est fait pour attirer la protection de Tara sur vous quand vous vous apprêtez à partir en voyage, mais vous pouvez aussi l'adapter pour protéger vos proches.

À PRÉVOIR

- Une bougie blanche
- Un jouet représentant votre moyen de transport

1 Dégagez une table relativement grande en ne laissant qu'une bougie blanche sur le plateau.

2 Allumez la bougie, saisissez le petit véhicule dans la main gauche et dites : « Tara, voici le voyage que j'entends accomplir. »

3 Faites ensuite avancer (ou voler) le véhicule de la gauche vers la droite en visualisant votre futur voyage : vous pouvez par exemple vous imaginer sortir de l'autoroute en voiture, traverser un pont en train, survoler la mer en avion, etc.

4 Ne cherchez pas à visualiser votre voyage dans les moindres détails, choisissez seulement les éléments les plus représentatifs. Et si vous atteignez le bord de la table avant d'être mentalement arrivée à destination, poursuivez votre chemin sur la totalité du plateau.

5 Une fois votre périple terminé, concluez par ces mots : « Tara, que ta protection m'accompagne jusqu'à la fin de mon voyage. »

EN TOUTE SÉCURITÉ

Munissez-vous d'un modèle réduit du moyen de transport que vous allez emprunter lors de votre voyage : une petite voiture ou tout autre jouet en forme de bateau, de train ou d'avion par exemple fera très bien l'affaire.

-

La bougie blanche est là pour symboliser la sécurité.

DÉESSE

VÉNUS

Déesse romaine de l'amour et du printemps

Équivalent romain de la déesse grecque Aphrodite, Vénus est la plus célèbre des déesses de l'amour. Fille de Jupiter, elle a émergé de l'écume de la mer à bord de la conque d'une coquille Saint-Jacques tirée par des dauphins.

Créée pour répandre l'amour, Vénus eut plusieurs compagnons dont Vulcain, le dieu du feu, et Mars, le dieu de la guerre avec qui elle eut Cupidon, mais seul Adonis, le dieu de la végétation, conquit véritablement son cœur. Orphelin de père et de mère, le bel Adonis fut en effet recueilli par Vénus alors qu'il n'était qu'un nourrisson. Résolue à garder son petit protégé en lieu sûr, Vénus l'installa dans un coffre qu'elle confia aux bons soins de la déesse des Enfers, Proserpine ; quand celle-ci ouvrit le coffre, elle fut si subjuguée par la beauté de l'enfant qu'elle décida de le garder.

Vénus implora les dieux de lui rendre justice mais ils jugèrent plus juste qu'Adonis passe six mois de l'année aux Enfers avec Proserpine et six mois sur terre avec Vénus. Quand il atteignit l'âge adulte, Adonis devint l'amant de Vénus ; ils durent cependant se quitter tous les hivers pour ne se retrouver qu'à l'arrivée des beaux jours, ce qui explique pourquoi Vénus est aussi la déesse du printemps. Dans la Rome antique, des festivités étaient d'ailleurs organisées en son honneur tous les 1er avril.

Je suis convaincu que la puissance de l'amour ne connaît aucune limite ; que le véritable amour résiste à tout, quelles que soient la distance ou les circonstances.

—

STEVE MARABOLI

RITUEL

POUR MIEUX VIVRE L'ÉLOIGNEMENT

Ce rituel s'adresse à celles qui, comme Vénus avec son Adonis, doivent subir une séparation forcée – pour raisons professionnelles, par exemple – d'avec leur conjoint. Symbolisant vos retrouvailles futures, il vous apportera la force et la patience nécessaire pour supporter cet éloignement et fera paraître ce temps passé loin de votre aimé moins long.

À PRÉVOIR

- Deux cœurs façonnés à la main
- Une bougie rouge

DES CŒURS À FAÇONNER

Choisissez une matière malléable (argile, cire, pâte à sel, etc.), étalez-la au rouleau à pâtisserie, et découpez deux cœurs à l'aide d'un emporte-pièce.

1 Allumez la bougie rouge. Quand la cire commence à fondre, faites couler quelques gouttes sur l'un des deux cœurs.

2 En vous servant de la cire chaude comme colle, pressez le deuxième cœur sur le premier et dites : « Vénus, déesse de l'amour, que mon aimé me revienne, sans encombre et sans délai. »

3 Répétez cette incantation tant que les deux cœurs ne sont pas solidement assemblés.

4 Cachez ce talisman en lieu sûr jusqu'au retour de votre bien-aimé.

Alors que le monde traverse une période de tumulte et que la nature elle-même subit les assauts du changement climatique, les saisons continuent de se succéder, immuablement. Oui, l'automne annonce les prémices de l'hiver mais, bientôt, c'est l'hiver qui devra céder sa place au printemps, avec ses mille verts tendres, ses jours de plus en plus longs et son doux parfum qui flotte dans l'air.

MADELEINE M. KUNIN

RITUEL

POUR ACCUEILLIR LE PRINTEMPS

Respecter le cycle des saisons permet non seulement de vivre au rythme de la nature mais aussi de rester à l'écoute de son propre rythme. Tout comme les autres animaux et les végétaux qui peuplent cette terre, l'homme ressent d'instinct l'arrivée du printemps. Et cette saison étant celle dite des amours, il est tout naturel que Vénus, déesse du printemps, soit aussi la déesse de l'amour.

À PRÉVOIR

- Un sachet de graines
- Une coquille Saint-Jacques vide

UN PARFUM DE PRINTEMPS

Quand on est à l'écoute des saisons, une simple bouffée d'air suffit à sentir, au plus profond de son être, que le printemps est là. Ainsi, pour ne pas manquer ce grand moment, prenez l'habitude de prendre une grande inspiration tous les matins en sortant de chez vous.

1 Pour célébrer l'arrivée des beaux jours, choisissez une plante qui, pour vous, symbolise le printemps, l'amour ou la déesse Vénus – les « cheveux de Vénus » (*Nigella damascena*), par exemple, peuvent être un bon choix – et achetez-en un sachet de graines.

2 Versez les graines dans une coquille Saint-Jacques (symbole de Vénus) et semez-les à la volée là où vous souhaitez les voir pousser.

DÉESSE

XOCHIQUETZAL

Déesse aztèque des fleurs, de l'amour et de l'artisanat

Suivie par une nuée d'oiseaux et de papillons partout où elle se déplace, cette déesse des fleurs, de l'amour, du chant, de la danse et de l'artisanat a un nom qui signifie « pétale de fleur ». Du haut de la montagne où elle réside, Xochiquetzal règne sur le vingtième jour du calendrier aztèque et, dans les temps anciens, un grand festin – où chacun devait porter un masque à l'effigie d'un animal ou d'une fleur – était organisé en son honneur tous les huit ans.

Xochiquetzal est une jeune et belle déesse. Séduisante et enjôleuse, elle a pleinement conscience de ses atouts et n'hésite pas à en jouer. Très active sexuellement, elle prit son frère Xochipilli comme amant, ce qui explique pourquoi elle est aussi considérée comme la divinité protectrice des prostituées. Comme beaucoup de déesses de la fertilité, elle est associée à la Lune et veille sur les femmes enceintes avant et pendant l'accouchement. Les Aztèques l'invoquaient ainsi pour assurer la descendance des jeunes couples : la mariée tressait alors ses cheveux en une longue natte qu'elle s'enroulait autour de la tête en laissant deux panaches de « plumes » dépasser pour rappeler la queue du quetzal, l'oiseau sacré de la déesse.

Xochiquetzal est également connue pour être la mère du dieu Quetzalcoatl, le serpent à plumes qui descendit aux Enfers et dont les Aztèques attendaient impatiemment le retour – une croyance qui les poussa d'ailleurs à accueillir le conquistador espagnol Hernan Cortés comme le messie, avec les conséquences désastreuses que l'on connaît. Par ce lien avec le serpent à plumes, la déesse est donc liée à l'inframonde, ce qui explique pourquoi des guirlandes de soucis lui sont dédiées le jour de la fête des morts mexicaine.

RITUEL

POUR LIBÉRER L'ARTISTE QUI EST EN VOUS

Ce rituel a pour but de décupler vos talents de danseuse et de chanteuse, ainsi que le plaisir que vous retirez de ces deux activités. De plus, comme Xochiquetzal est une jeune et belle déesse connue pour sa sensualité, l'invoquer vous fera sentir d'autant plus désirable pendant votre mascarade.

À PRÉVOIR

- Du papier à dessin et des ciseaux
- Un élastique
- De quoi décorer votre masque (feutres, crayons, gommettes, etc.)

AVANCEZ MASQUÉE

Pour honorer Xochiquetzal, les Aztèques organisaient de grand banquets au cours desquels les invités devaient porter des masques à l'effigie de fleurs ou d'animaux. De ce fait, il vous faudra confectionner l'un de ces masques à base de carton, de tissu durci ou de cuir. Côté forme, un loup suffit, mais si vous préférez un masque intégral, ne vous bridez pas !

1 Dans du papier à dessin, dessinez puis découpez un masque de la forme de votre choix.

2 Fixez l'élastique de part et d'autre des ouvertures prévues pour les yeux de telle sorte que le masque puisse rester bien en place sur votre tête.

3 Décorez votre masque pour qu'il rappelle un oiseau, un papillon ou tout autre animal, si possible en incorporant quelques plumes ou une touffe de poils de l'animal en question.

4 Chaussez le masque et parcourez votre maison ou votre jardin en chantant et en dansant, tout en laissant l'esprit de Xochiquetzal vous habiter.

RITUEL

POUR DES AFFAIRES QUI ROULENT (SUR L'OR)

En tant que déesse des artisans, Xochiquetzal peut apporter sa protection aux ferronniers, menuisiers, orfèvres, etc. Faites appel à elle pour réussir toutes vos créations et faire décoller votre activité !

À PRÉVOIR

- Des soucis (ou des fleurs en papier crépon et de la ficelle)

1 Si vous optez pour de vraies fleurs, confectionnez une guirlande en perçant l'extrémité de la tige de chaque souci puis en faisant coulisser chaque fleur dans la précédente. Pour les fleurs en papier, enfilez-les simplement une par une sur la ficelle.

2 Debout dans le jardin, positionnez-vous face au soleil, brandissez votre guirlande de fleurs vers le ciel et dites : « Xochiquetzal, je t'offre cette guirlande en gage de respect et d'amour. Bénis mon activité en retour et couvre-la de réussite. »

3 Suspendez la guirlande au-dessus de votre établi ou espace de travail.

DITES-LE AVEC DES FLEURS

Traditionnellement, les offrandes destinées à Xochiquetzal sont des guirlandes de soucis. Pour un résultat optimal, faites-les pousser vous-même ; sinon, tournez-vous vers un proche qui en aurait au jardin ou vers votre fleuriste. Et si aucune de ces options n'est envisageable, rabattez-vous sur du papier crépon orange.

INDEX

Les noms des déesses apparaissent en **gras**. Les folio en *italique* sont ceux des rituels.

A

accouchement 30, *33*, 62, 122
Actéon 30
Adonis 116
ambiance, bonne 9
amour 38, 44, 52, 116, 122
Ananta 80
Anat 12
animaux 34, 37, *37*, 80
Apollon 30
artisanat 122, *125*
arts 16, 19
Asgard (Fensalir) 44
Astarté 12–15
Athéna 16–19
Athirat 12
Avalokiteshvara 112

B

Baal 12
bain, rituel du *15*, 32, 79
Baldr 44, 56
baleines, chants de 111
Bastet 20–5
bandeau 106
beauté 38, 80
bijoux 18, 33, 41, 73
bodhisattva 76, 112
boîte 14, 43, 69, 99
bols 60, 78
bonheur, rituel de *82*
bougies 15, 41, 60, 82
  blanches 32, 73, 115
  de couleur 43, 59, 91, 99, 119
  noires 51, 87, 106
boussole 96

C

cartes, à jouer ou des anges 83
Cérès 104
Chalchiuhtlicue 26–9
chance *46*, 80
chant, rituel de *124*
chasse 30
chasteté, rituel de *32*
chats 20, 23, 30, 33
chevaux 34
cheveux, mèche de 69
ciel 44, 88
clés 44, 46
cœurs 38, 119
compassion 76, *78*, 112
conflits *65*, *98*
coquillage 121
corne d'abondance 34
couleurs 18, 112
cristal de roche 54
Cronos 48

D

dague 38
danse 52, 102, 124
deuil, rituel de *60*
Diane 30–3
divorce, rituel en cas de *96*
douceur, rituel de *23*
douleurs, rituel contre les *59*

E

El 12
éloignement, rituel contre l' *119*
encens (bois de santal) 54
enfants *54*, *99*
Enfers 56, 84, 104, 122
Éphèse 30
Épona 34–7
Erzulie 38–43
étoile 91

F

féminité 26, 70, 80
fer à cheval 37
fertilité 20, 26, 34, 44, 52, 66, 70, 100, 122
fidélité, rituel de *69*
fleurs et plantes 28, 32, 37, 44, 51, 76, 112, 122, 125
fortune, rituel de *43*
Frigg 44–7
fruits et légumes 16, 28, 50, 79, 92, 107, 110

G

Gaïa 48–51
Ganesh 100
Garuda 80
Geb 88
Gilgamesh 66
Gna 44
graines 47, 121
grenade 62, 64, 104, 107
grossesse 74, 122
guérison 34, *36*
guerre 16, 66
guirlandes 125

H

Hathor 12, 20, 52–5
Hawaï 94
Hel 56–61
Héra 62–5
hochet 24, 54
Horus 52, 88
huiles parfumées 15, 41, 102

I

infertilité, rituel contre l' *91*
Ishtar 66–9
Isis 70–5

J

Jason 62
jatte 51
Jörmungand 56
Jupiter 104, 116
justice 84, *87*

K

Kama 100
Kuan Yin 76–9

L

lâcher prise, rituel de *15*
Lakshmi 80–3
lait 54, 74
lanternes 82
lieu sûr 65
lions 20, 23, 66, 112
Loki 56
lotion pour le corps 41, 102
loyauté, rituel de *73*
lune 24, 30, 122

M

Maât 84–7
magie/sorcellerie 20, 30, 70
mariage 28, 44, 48, 51, 62, 76, 80
masques 124
maternité 44, 75
Mer 108, 112
Mercure 104
Midgard, serpent de 56
miséricorde 76
moissons 50
momification 70
Mot 12
musique 33, 52, 102, 111

N

nature 48, *50*, 75
Nout 88–93
Nuits paisibles, rituel de *14*

O

objets rituels 8, 43, 46
obscurité 106
offrandes 19, 28, 38, 50
oiseaux 16, 62, 84
ordre cosmique 84
Osiris 70, 84, 88
Ouranos 48

P

Papa 94–9
papier 36, 60, 87, 103, 114
pardon, rituel de *110*
Parvati 100–3
patience, rituel de *106*
persévérance, rituel de *103*
pharaons 52
pièces 43
pierres/galets 28, 29, 73, 99
plumes 65, 84, 86, 87, 122
Pluton 104
pochettes 14, 29, 33, 43, 99
points cardinaux 88
poisson 110
Poséidon 16
printemps 116, 121, *121*
promesses 48, 51
Proserpine 104–7, 116
prospérité, rituel de *43*
protection 20, *24*, 29, 33, *47*, 64
protection nocturne, rituel de *14*
pureté, rituel de *79*

Q

quête intérieure, rituel de *111*
Quetzalcoatl 122

R

Rangi 94
Rê 52, 70, 88
renoncement 103
rêves, rituel *24*
rituel pour prendre un bon départ *83*
rituel pour profiter de l'instant présent *92*
rituel pour vivre de son art *19*
rituel pour voir clair en sa moitié *114*
rituel sur une colline *96*
ruban/ficelle 36, 54, 69, 92

S

sable 107
sagesse *18*, 112
saladier 92, 107
sanctuaires 20, 34, 75
Sati 100
saule, branches de 76, 78
Sedna 108–11
Sekhmet 20
sel 79
Seth 70, 88
sexualité/libido *41*, 66, *68*
Shiva 100
Shou 88
Sîn 66
soleil 12, 74, 107, *107*, 112
sources d'eau 26, 28, 34, 68, 78
soutien, rituel de *102*
souvenirs 55, 60
sphinx 12
stylo 36, 60, 87, 103, 114
subconscient 114

T

talisman 14, 29
Tammuz 66
Tara 112–15
temps 79, 92
terre 47, 48, 51, 94
Thot 88
Tin Hau 76
Titans 48
Tlaloc 26

V

vaches 52, 54, 70
vaudou 38
Vénus 116–21
vérité 84
vérité, rituel de *86*
vêtements 18, 32, 41, 69, 82
Vierge Marie 38
virginité 30, 66
Vishnou 80
visualisation 68
voiles 59, 62
voiture, petite 115
voyages *55*, *115*

W

Wakea 94

X

Xochipilli 122
Xochiquetzal 122–5

Z

Zeus 16, 48, 62